JN207240

あなたの心に寄りそう
傾聴の力
～東日本大震災から13年～

認定ＮＰＯ法人　仙台傾聴の会

傾聴の意義と目的

・ここからはじまる社会貢献活動

・みんなで支え合う社会の実現

・聴くことは生きる力につながる

認定ＮＰＯ法人　仙台傾聴の会

はじめに

全国の自死者が毎年3万人を超える状況に心を痛め、共に学んだ10名の仲間で、２００８年（平成20）4月、仙台傾聴の会を設立。「あなたの心に寄りそう姿勢」を基本理念に、「傾聴活動」を継続してきました。誰とも話す機会のない方とじっくり寄りそい、「傾聴」させていただくことで、前を向き生きる活力が見いだされることにつながります。独居高齢者や閉じこもりがちな方々へのご自宅訪問や施設の訪問活動、被災者支援「傾聴カフェ」事業は、東日本大震災から13年を過ぎた今も継続しています。また、「心のケア」にかかわる「傾聴ボランティア」のニーズに応え、地域社会に貢献できる人材育成に尽力しています。

本書『あなたの心に寄りそう傾聴の力 ～東日本大震災から13年～』は、東日本大震災の発生直後（２０１１年3月下旬）から始めた宮城県仙台市、名取市、岩沼市の各避難所での「傾聴活動」、その後に実施した仮設住宅での「お茶会」「ランチ会」「季節ごとのイベント」「男性中心のお茶会」などの被災者支援、被災者との信頼関係の構築の記録です。

震災後、宮城県医師会の依頼を受けて各地の避難所に入り、被災者の心の中の苦しさ、悲しさに耳を傾ける活動を始めました。活動場所は避難所から仮設住宅、復興住宅と移りましたが、日常的に孤独感や不安感に苦しんでいる人々は今も少なくありません。当初10人だった会員は、現在約２２０人に増え、宮城、福島両県の復興住宅で「傾聴カフェ」を開催しています。お茶や音楽、革細工作りなどを楽しみながらの「傾聴カフェ」は、貴重な語らいの場として定着し、利用者から今後も長く続けてほしいと、多くの要望をいただいています。

震災後、全国から来ていただいた多くのボランティアが避難所に入りました。残念ながら避難所によっては「心のケア、おことわり」の立て札を出した所がありました。当会にもそのような言葉をいただいたので、その避難所の責任者に会い、話を聴きました。

「夜になると、うなされる方や奇声を上げる方がいます」と責任者から被災者の状況を聞き、「当会は無理な聴き方はしません、心に寄りそうだけです」。そして、このような時期だからこそ「寄りそうこと」の必要性を伝え、訪問を再開させていただきました。

もちろん未曽有の災害ですから、責任者の方もボランティアの方々もどのように対応していいのか模索していたと思われますし、さまざまな情報に戸惑っていたと、その時は感じていました。今になって言えることは、防災の観点からも「心のケア」に関する研修の必要性を感じます。災害時の被災者の心の状態を学ぶこと等を防災の中に取り入れていく必要があると思います。さらに、これまで1万485名を養成してきた「傾聴ボランティア養成講座」の内容から、とくに大切なところを掲載しています。仙台傾聴の会の活動を通して、ぜひ「傾聴の基本」を具体的に身に付けていただきたいと思います。

本書の発行にあたり、被災者の皆様方にご協力いただき大変ありがとうございます。さらに関係各位の皆様方には多数原稿をお寄せいただきまして感謝申し上げます。そして、赤い羽根共同募金による「令和5年　みやぎチャレンジプロジェクト」の補助金、ならびに株式会社 funaku 様からのご寄附により、また、復興庁「心の復興」事業の補助金で刊行させていただくことができました。深く感謝申し上げます。

認定ＮＰＯ法人　仙台傾聴の会　代表理事

森山　英子

コスモスの花言葉は「調和」「謙虚」

目次

第二章　東日本大震災・コロナ禍を経験して
～仙台傾聴の会・参加者の声

第三章　傾聴の役割、今後の課題

助言よりも「気付き」を与える

傾聴は、相手を否定せず受容・共感することにより「自らの答え」を見つけられるよう「心の援助」をしていくものです。

例①（一般的な会話）

例②（傾聴の会話）

例①と例②の場合
「夜遅く自宅でDVDを見ている息子に母親が音量を下げるように伝える場面」

例①（一般的な会話）

例②（傾聴の会話）

第一章 「仙台傾聴の会」の理念と活動の紹介

一・「仙台傾聴の会」の理念

■「ひとりぼっちにさせへん」
阪神淡路大震災・精神科医の思いに学ぶ

阪神淡路大震災から25年になる2020年(令和2)、NHKテレビ大阪放送局制作の「心の傷を癒《いや》すということ」という、一人の精神科医・安克昌氏の25年前の記録を基に制作されたドラマがあります。

阪神淡路大震災時、安氏は自らも被災し疲労困憊《こんばい》の中、被災者の精神的な痛手を少しでも和らげようと救護所や避難所を回り、必死に働き続けました。それから5年後に安氏はがんを発症し、まだ39歳の若さで亡くなりました。その最期の日々のある場面で、車椅子に乗り、母親と妻と散歩している時、彼は「こころのケアって何か、わかった。それは、誰もひとりぼっちにさせへん、てことや」と言ったそうです。

未曾有の大震災では、多くの人たちにさまざまな不幸が降り掛かり、想像を絶するような経験を強いられ、打ちひしがれた人たち。その横にたたずむ者には何もできないかもしれないが、そこに一緒にたたずんでいることが大事である、と思いました。

「ひとりぼっちにさせへん」。これは特別に精神科医だから発した言葉ではありません。〝一人の人間が一人の心の痛手を負った人に送った言葉である〟と結ばれた実録ドラマです。

まさに当法人も、東日本大震災の避難所では、ただそばに座らせていただき、相手の思いを受け止め、大変な状況をお互いに感じながら、「情緒的一体感の共有」に徹して寄りそうことを続けてきました。

「もう少しいてください」。ある避難所でのことです。一人の男性のそばにしばらく座らせていただいた後に、「そろそろ失礼しますね」と声をかけました。すると「もう少しいてください」と言われたのです。「思いが通じている」と感じた瞬間でした。まさに安医師の「ひとりぼっちにさせへん」ということにつながります。

私は安氏のドラマで「相手の心に寄りそう」ことの重要性をあらためて強く感じ、この避難所の出来事と重ね合わせて涙なしでは見られませんでした。

私たち仙台傾聴の会が掲げている「あなたの心に寄りそう」の精神でこの先の10年、20年孤立する方々へ寄りそう活動をさらに重ねていきたいと考えています。

■原点の「自死予防」に立ち返る

東日本大震災後は、被災者支援に力を入れ活動してきました。震災から10年の節目の２０２０年（令和2）、コロナ禍の影響などで自死者が再び増加に転じました。このような困難な時代の中で、当会が「今」できることは「自死予防」を目指し発足した原点に立ち返りたいと考えています。たとえば、お会いしての寄りそいができない部分を補うため、「電話相談体制の充実」を図り、電話回線や相談日を増やして対応しています。

引きこもりも社会問題になっていますが、この方々へ向けて「その家族をひとりぼっちにしない」という観点で支える必要も考えていかなければならないと思います。

今後もこの13年で学んだことを活かしながら、災害時の「心のケア」の重要性を伝えていきたいと思います。そのために一人でも多くの皆さんに「傾聴」を知っていただき、支えあう社会の実現に少しでも近付き、地域に住む私たちが安心して生きていける社会の実現を目指していきたいと考えています。

実際の傾聴活動の奥深い世界のすべてを紙上で伝えることは困難ですが、読者の皆さんに少しでも傾聴の力を感じてもらえれば幸いです。本書『傾聴の力』が皆さんの傾聴力を高めることを願っています。

■被災地発「傾聴の力」を孤立対策に

認定NPO法人「仙台傾聴の会」は、自死予防を目指し、傾聴ボランティアの育成、派遣を行なう団体として、2008年(平成20)に発足しました。2011年(平成23)3月11日に発生した東日本大震災で心のケアに果たす「傾聴」の役割が注目され、被災者支援団体として活動の内容、規模を拡大してきました。

■自分も誰かの役に立ちたい

活動を担っている会員には自身も被災しながら、なお「自分も誰かの役に立ちたい」と思い立ち、当会などのボランティア養成講座を受講した方々が多くいます。

これまで被災地で開催した「傾聴ボランティア養成講座」は、宮城県内10カ所に及び、その地域で「傾聴ボランティア団体」設立に各地域の社会福祉協議会と共に貢献してまいりました。そして、その団体とネットワークを組み交流し、毎年、スキルアップ講座などを開催。また、継続して養成講座開催によりその地域の「傾聴ボランティア」の増員につながりました。

被災者自身が震災で「話を聴いてもらい、とても助かった。今度は自分も誰かの役に立ちたい」と考え「傾聴ボランティア」となり、その地域を支えています。

■電話相談・メール相談を増やす

当法人は、コロナ禍でも対策を講じながら、「養成講座」は開催してまいりました。しかし、活動の場の制限により、会の活動に占める割合の多い施設訪問や個人宅訪問などが難しくなり、会員の活動に大きな影響を受けました。

そこで、電話相談・メール相談のための養成講座を開催し、回線の増設と相談員を増員して「電話相談」「メール相談」態勢の拡充を図ってきました。

コロナ禍で「うつ状態」の方々が増加し、10代～30代の若い女性の自死者が増加に転じたことは大きな社会問題でもあります。当法人に寄せられる電話相談件数も月200件を超えるまでになり、「メール相談」も徐々に増加してきています。

当法人の対面相談、電話相談やメール相談の利用者の割合は7割が女性で3割が男性です。年齢は10代～80代までと幅広く、遠く宮城県外からも「話を聴いてほしい」と電話をくださる方がとても増えています。それだけ聴いてほしい方が多くおり、話せたことで安心し、自分の気持ちをわかってもらえたことで落ち着いていく様子が見られます。話し終えた後は声の調子が変わっていることが伺えます。

■何気ない日常会話をしたい時

宮城県外からの電話相談の男性は「あなたの心

に寄りそう仙台傾聴の会」を幾度となく口にされ、「その通りの会ですね」と話してくれました。「何気ない日常会話をしたいとき」「何か心が折れそうなとき」に心に寄りそって耳を傾けてくれる仙台傾聴の会は「とても助かっています、頼りにしています」との言葉を頂き、当会にはとても励みになりました。

そのような方々に対応するには、「傾聴のスキル」が必要と考えます。そこで、各会員のスキルを上げるために年間10回くらいの研修会を開催しています。また、一般市民向けの公開講座も年に2~3回開催し、「傾聴」の普及啓発に努めております。

震災後は、各メディアも「傾聴」という言葉を当たり前のように出してくることが多くなりました。それほど「傾聴の力」の重要性がこの震災で大きく伝わったと思われます。

■大谷選手のように「聴く力」を

今話題の米大リーグ・大谷翔平選手が〝人間力と優れた「聴く力」を実感した〟とのコメントを伝える投書が河北新報（2023年4月16日、「持論時論」 元古川商高女子バレーボール部監督　国分秀男）に載りました。

投稿者は、「傾聴する力」は自分自身だけでなく、話し手も育てる大切な力だ。もし生まれ変わることがあるなら、大谷選手のように少年時代から聴く力を養い人間力を磨いて人生を歩みたい、と結んでいます。

さらに今は、日本全国どこでも災害の危機があり、その災害時に必要となる「心のケア」として「傾聴の力」はますます必要になると思われます。この傾聴は人間関係の基本ともいわれるほど、日常生活にも役に立つとされています。

「傾聴のスキル」を持っている人は、何か他の人と違うものを感じるという人もいます。養成講座に参加した一人は「どこからこの人当りの良さなどが出ているのか。聞くと『傾聴ボランティア』をしている、というので自分も学んでみよう」と考え受講したそうです。また、人に勧められて学んでみたら、このような聴き方があると初めて知り、日常生活や仕事にも大いに役に立ち自分が変わることができた、という方もいます。

「傾聴の力」が身に付くことで、相手の気持ちを酌むことができるようになった。自分の心に問いかけができるようになり、自分の心の成長につながっている、と実感している方もいます。

■コミュニティーで活かす

コロナ禍で傾聴カフェの開催が制約される中でも、会員たちはそれぞれのコミュニティーでスキルを活かしています。日常生活の中で「傾聴」を意識することで、子どもや配偶者との関係が好転したという話はよく聞きます。

地域社会においても、障害を持つ子の親の会に出かけて聞き役になったり、気が立った様子の近所の人の話を穏やかに聞いてあげたりした会員たちは、一様に「傾聴の力」を実感したと言います。

人は自分の言葉で語ることを通じて、前を向く力を取り戻し、自分の本当の気持ちや進むべき道を探り当てることができます。相手の言葉をありのままに受け止め、共感を込めて懸命に聴く「傾聴」の効果は、そうした生きる力を引き出すことにつながります。

厚生労働省によると、2022年の自殺者数は、前年（確定値）に比べ874人多い2万1881

人。コロナ禍での高止まりが続いているそうです。

社会の分断や格差が深刻になるにつれ、孤独はますます身近な問題になっています。単身の高齢者だけでなく、引きこもりがちな若者や中高年、不登校の児童生徒らさまざまな人々が寂しさを抱え、つながりを求めています。引きこもりの家族は、地域のつながりにより、支えていける部分もあると思われます。家族だけではどうにもならない場合もあります。近隣の方々の何気ない声がけで外に出るきっかけになった、という方もいます。地域の方の「傾聴の力」で支えられる部分が少しでもあれば、救われる方もいると信じています。

当法人の活動は震災後、被災者支援に重点を置いてきましたが、こうした社会のニーズに応えていく必要性も強く感じています。感染対策に気を配りつつ、当初から続けている自宅訪問や対面相談の態勢強化を急いでいるところです。

被災地のみならず、それぞれの地域で課題解決に生かせる「傾聴の力」のすそ野を広げるためにも、今後も多くの方に関心を寄せていただきたいと思います。

二. 傾聴の基本と具体的方法

当会主催で「傾聴ボランティア養成講座」「傾聴入門講座」を開催しています。傾聴ボランティアの底辺拡大、組織拡充に向け、当会主導で、または各所の行政、関係機関より依頼を受けて出前講座にも講師を派遣しています。

超高齢化社会で、元気にボランティア活動ができる人材の育成は、被災者支援の人材育成を期待する地域に大きく寄与、地域社会に貢献していると自負しています。
以下に内容の一端を紹介します。

■傾聴は人間関係の基本

◎日常生活で役に立つ（家庭・学校・職場・地域等）

・相手とのコミュニケーションに役に立つ。
・相手の話を一生懸命聴くことは、相手の存在を認めること「存在認知」、相手を尊重すること。

◎話を聴いてもらいたい時はどんな時？

・悲しい時、つらい時、モヤモヤする時…話を聴いてもらうと、心が軽くなる。勇気や元気が湧いてくる。さらに一生懸命聴いてもらえると、信頼が生まれる。

■なぜ、聴くことが大事なのか

・話を聴いてもらうことによって心が軽くなる。
・少し気持ちが楽になる。
・自分のことを分かって貰えたという安心が生まれる。
・自分の考えや気持ちが整理できる。
・自分で答えを出すことが出来る。

■話を聴かせていただいた「聴き手」の効果

・相手の気持ちが理解できるようになる。
・自分の気持ちに気付くようになる。
・他者に対して包容力が生まれ、思いやりの心が育つ。
・多様なコミュニケーションが取れるようになり、関係が深められる。
・他者との会話がスムーズになり、信頼されるようになる。

■「聞く」と「聴く」の違い

・「聞く」は、ただ漫然ときく。

・「聴く」は、一生懸命耳を傾けてきく。

■傾聴（Active Listening）

良好な人間関係、信頼関係を作る基本である。そのためには自分の五感をフルに使い、思いやりと温かい心で、相手の話を一生懸命聴く、いわば相手と特別な意味合いをもたせたコミュニケーション技法であり、「聴きたい」という態度と心が話し手に伝って初めて傾聴が成り立つ。

■傾聴に必要な3つの大切なこと

「うなずき」「笑顔」「アイコンタクト」の3つが大切です。

↑うなずき　↑笑顔　↑アイコンタクト

■傾聴の基本的な心構え

1　**聴き上手は話さない**

・相手が主人公

・相手に関心を持つ

2　**情緒的一体感の共有**

・相手の気持ちに寄りそう

3　**共感的理解**

・相手の話しを、相手の身になって、気持ちを感じとるように聴く

※「共感」で大切なことは、「自分の気持ち」ではなく「相手の気持ち」です。

4　**受容的態度**

・相手の言っていることを無条件に受け止め、相手の考えや意思を大切にする

・相手を尊重する

5　**相手のペースに合わせる**

・ゆっくり、はっきり、間をおいて、声のトーン、口調に注意する

・鏡のように（相互作用の同調行動）

・沈黙を恐れない

6　**守秘義務の順守**

・聴いた話をみだりに他者に漏《も》らさない

・生命に関わること、深刻な身体的な状況等については、報告義務もある

まずは、一般的な会話を例に挙げてみましょう。

次頁の４コマ漫画をご覧ください。

悪い例

①
ちょっと聞いてほしいことがあるんだけど
何かあったの？
②
A子さん私のこと誤解しているみたいで、態度がちょっとおかしいんだけど…
③
私なんかもっとひどくてねあ～で～…こう～で～…延々と
④
それでさぁ…こうで……………ああで…延々……
いつの間にか逆転してしまっている

良い例

①
ちょっと聞いてほしいことがあるんだけど
何かあったの？
②
A子さん私のこと誤解しているみたいで、態度がちょっとおかしいんだけど…
③
ええ、そのことが頭から離れなくて
そうなんだ。誤解されて辛い気持ちなのね
④
それで何とか誤解がとけないかなと思ってA子さんのこと大好きだからきっと解ってくれるよね♥

■位置の違い

位置の違いで相手の受け取る印象は変わります。一般的に 90 度の角度が良いとされています。

■姿勢の違い

浅く座ってすこし前かがみになる姿勢がよいとされています。

■信頼関係の形成

傾聴は、相手との信頼関係の構築が第一です。快く相手に迎えてもらい、安心して話を語ってもらうためには、相手に良い印象を与え、温かい雰囲気を作ることが傾聴の第一歩です。観察をしてほめることも大事です。

■悪い聴き癖に注意

・ひとの話を横取りする（話の腰をおる）
・自分勝手な理解をする（自己流に聴く）

※話に興味がなければ、大抵は聴いていない。

■3分間話を聴くトレーニング

実際に「傾聴的に話を聴く」会話の違いを練習してみましょう。次ページに2つの練習のパターンをあげておきます。

◎パターン1

さぁ！
実際やってみましょう！

3分間話を聴くトレーニング

①
- 妻「お隣、また新しい車買ったみたいよ」
- 夫「おまえは、本当に近所の噂話が好きだな」

②
- 妻「お隣、また車を買ったみたいよ」
- 夫「そうか、新車を買ったのか」
- 妻「車が趣味みたいよ。うらやましいけど、うちの場合、車は実用本位だから、今の車で当分乗れるわね。」
- 夫「うん、もうしばらくは乗れそうだな。車といえば、たまにはドライブでも行ってみるとするか。」

◎パターン2

同じ会話でも
右と左の
違いが
お分かり
頂けますか？

息子と母親の会話

例1
息子　あ～あ、もうくたくただ
母　そんなこと言わないで。すごくおいしいケーキ、買ってあるから

例2
息子　あ～あ、もうくたくただ
母　とっても疲れているのね。おいしいケーキがあるけど、食べる？

例3
息子　社会のテストで、はじめて90点取ったんだ
母　わあ、すごい。偉いわね

例4
息子　社会のテストではじめて90点取ったんだ
母　90点取れて、とても嬉しいのね。お母さんも嬉しいわ

三、仙台傾聴の会の事業と人材育成

■事業・活動全般の紹介

◎人材育成事業

・傾聴ボランティア養成講座　・傾聴基本講座の講師派遣・傾聴スキルアップ講座・入門講座

・電話相談員養成講座・電話相談現任者研修

◎訪問事業

・高齢者福祉施設　・認知症カフェ　・子育て支援の場　・個人宅

・地域包括支援センターなど開催のカフェ

◎被災者支援事業

・震災直後、宮城県医師会より依頼を受け、いち早く岩沼市、名取市、仙台市内避難所にて傾聴を開始。その後、仮設住宅にて茶話会開始。現在も各復興住宅集会所等で各種「傾聴カフェ」を継続。仙台市、名取市、岩沼市、亘理町、山元町にて毎月14カ所、七ヶ浜町、福島県南相馬市で不定期開催

◎傾聴サロン（無料対面相談事業）

・仙台市、名取市、岩沼市、塩釜市、気仙沼市にて毎月開催

◎傾聴茶話会

・仙台市、名取市で開催。予約不要、出入り自由。

◎電話相談事業

・毎週 月曜～土曜10時～17時 専用電話にて対応（月、水、金と火、木、土の電話番号が違う）

◎ふれあい電話サービス事業

・登録者へ当会から安否確認の電話で傾聴

◎メール相談事業

・24時間ホームページから受付

◎普及啓発事業

・公開講座の開催　・会報の発行（年3回）

・ホームページの更新

◎子育て支援事業

・仙台市の「冒険あそび場」などへ傾聴ボランテ

ィアを派遣

・「仙台市こども若者相談支援センター」へ
の協力

・岩沼子ども食堂プラスと連携

■NPO法人仙台傾聴の会 組織図

当会は5つの支部があり、以下のような場所で活動をしています。

①個人宅訪問 20 ヵ所
②高齢者施設訪問 30 ヵ所
③仙台市復興市営住宅等4ヵ所
④名取市復興住宅3ヵ所
⑤岩沼市傾聴カフェ2ヵ所
⑥亘理町内復興住宅1ヵ所
⑦山元町桜塚カフェ1ヵ所
⑧七ヶ浜町5ヵ所
⑨福島県南相馬市2ヵ所
◎正会員数216名、賛助会員数140名
◎団体会員 32 団体（2023年9月現在）

【NPO法人仙台傾聴の会　組織図】

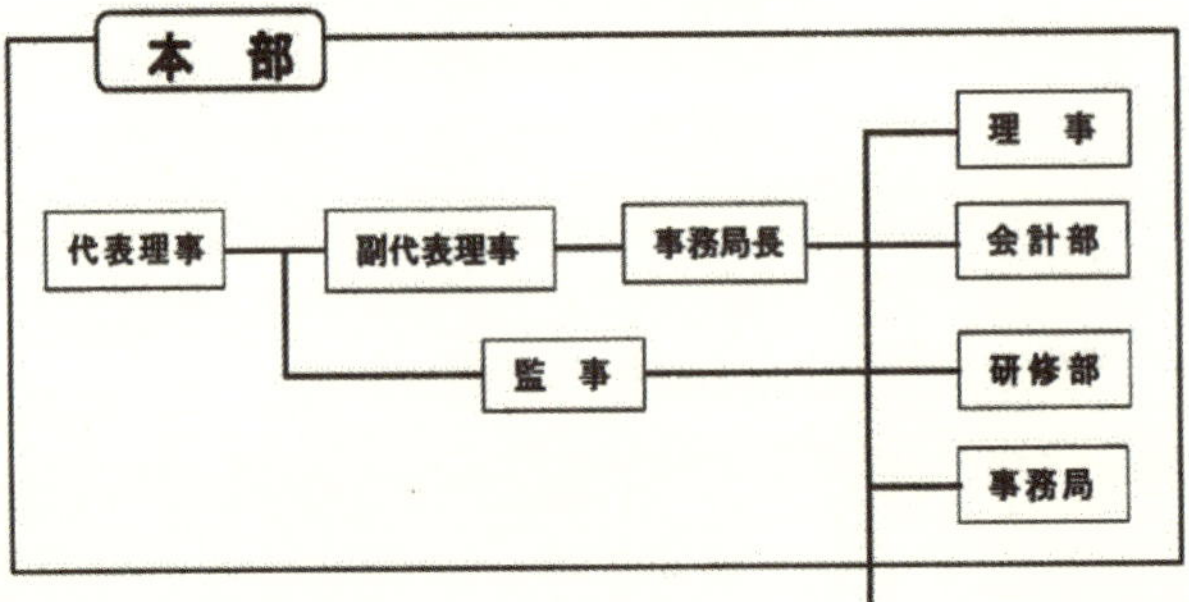

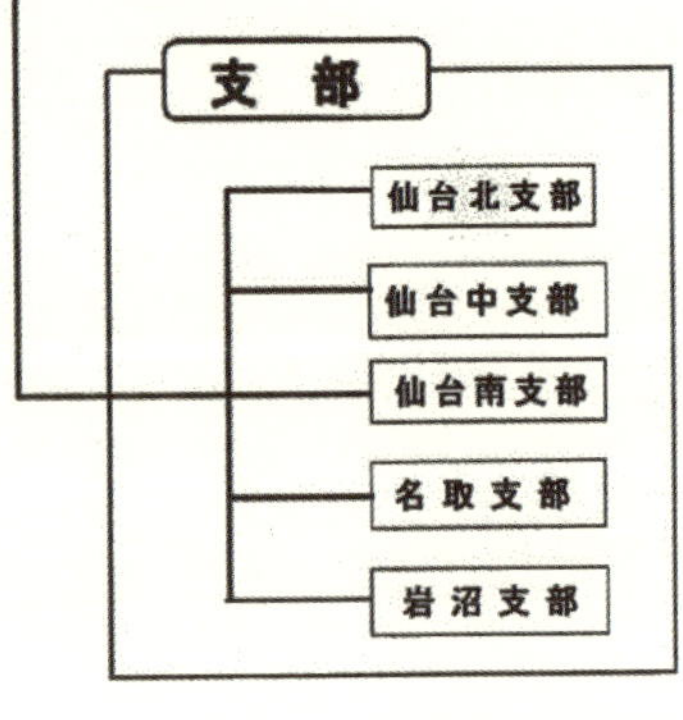

毎年 12 月に開催／会員の全体会

■人材育成

◎県内被災地で傾聴ボランティア養成講座開催

２０１２年（平成24）から仙台市をはじめ各被災地で「傾聴ボランティア養成講座」「傾聴入門講座」を開始し、被災地での「傾聴ボランティア」の育成に寄与してきました。

養成講座には多くの被災者が受講していただき、そこから「傾聴ボランティア」として活動している方がたくさん生まれています。傾聴ボランティアの皆さんは「あの時支えていただいたから、今度は誰かのために役に立ちたい」との思いで参加していただいています。震災でつながった大きな力で、被災者の自立に貢献できたと考えています。

さらに、宮城県内で開催した養成講座からは、その地域で「傾聴ボランティア団体」の発足にも尽力し、県内10カ所に設立され、傾聴活動をしており、各団体とはネットワークを組み毎年、交流や研修等を行い協力体制にあります。

当会主催の仙台市、名取市、岩沼市で３日間の養成講座を受講された方には、修了証を授与。

２０２４年（令和６）７月で講座受講生40期生となりました。

仙台養成講座（２０２３年11月）

東北大学教授・若島孔文氏を招いての研修会（２０２０年９月）

名取市での養成講座（2020 年 11 月）

コロナ禍での仙台での開催（2020 年 10 月）

富谷市での養成講座（2020 年 10 月）

丸森町での養成講座（2021 年 1 月）

（15）　16版　みやぎ　2021年（令和3年）1月16日（土曜日）　河北

被災者の心を傾聴で支える

丸森町社協

台風19号

ボランティアを養成

2019年10月の台風19号で被災した住民を支援しようと、丸森町社会福祉協議会と町ボランティア連絡会は15日、舘矢間まちづくりセンターで、傾聴ボランティア養成講座を開いた。受講者は、町内のプレハブ仮設住宅団地で入居者の話に耳を傾ける見守り活動を、月内にも始める。

東日本大震災の仮設住宅や災害公営住宅での支援実績があるNPO法人「仙台傾聴の会」（名取市）が講義。森山英子代表理事が「受容的態度で聴けば相手は心を開き、問題解決へ一歩を踏み出せる。相手の価値観を尊重しよう」と呼び掛けた。

受講生約20人が数人ずつの一組となり、相手の話に共感して理解を深める実習に取り組んだ。

丸森町の仮設住宅団地では、仙台市の支援団体が交流の場を開き、入居者の見守りを続けている。受講生も今回の講座を経て活動に加わる。同じ内容の講座が22日にもあり、30人ほどが受講する見込み。

受講生は以前から各地域のボランティア団体で活動している。町社協の担当者は「自分の地域は自分で支えたいとの気持ちで参加してくれた。活動を通してボランティア自身も成長できる」と話した。

傾聴の手法を学ぶ受講生たち

みや

河北新報に掲載された丸森町社協のボランティア養成講座の様子（2021年1月16日）

四．傾聴活動の様子紹介

被災地支援、傾聴カフェなど、当会の主な傾聴活動の様子を写真で紹介します。

■傾聴カフェの今

震災から13年が過ぎましたが、当会の被災者支援「傾聴カフェ」活動は、自治会のご協力を得て今も継続しています。新しい地域コミュニティーが構築され、住民の皆様が安心して集う「場」を提供し、近隣の関係作り、地域の支え合う社会の実現に繋げます。

男性のための傾聴カフェも実施。落語や防災などのイベントを開催後に話す時間を設け、男性が来やすい工夫をしています。

回想法に基づいた「傾聴音楽カフェ」も実施。コロナ禍で合唱することが難しい等、課題もありま

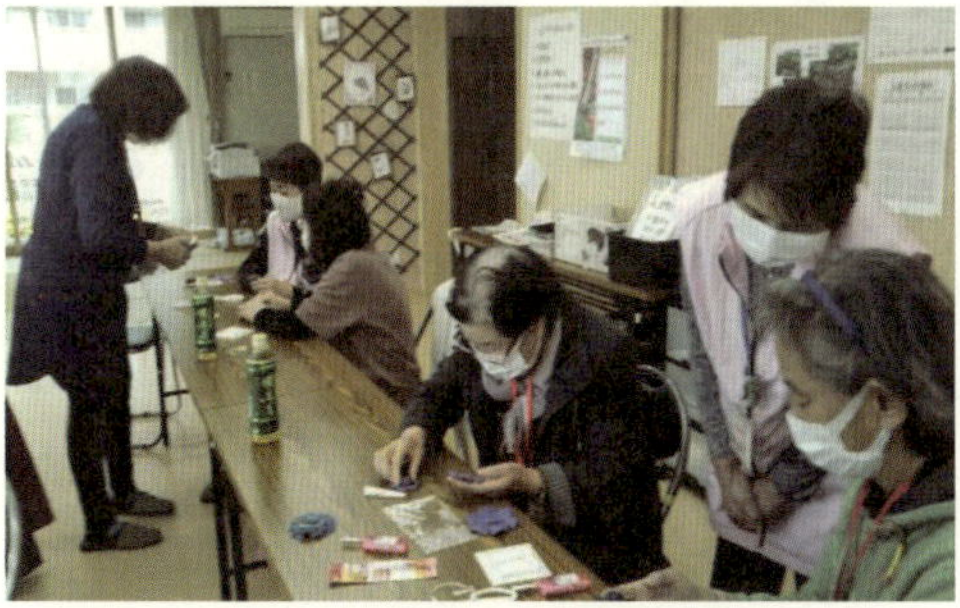

仙台市荒井東市営住宅での革ブローチ作り（上）と、完成した革ブローチの数々（右）

男性カフェでの落語会の様子

すが、新しい試みとして、「革ブローチ作成」「折り紙」等、内容を充実、皆様と交流を深めています。

専門スタッフによる「箱庭療法」も実施、大変好評で楽しみながら参加頂いております。箱庭にあなたの世界を作ってみましょう。「人形等」を介して心と向き合い、自己理解が深まります。

箱庭カフェでの活動の様子（上）と、仙台市田子西第二復興住宅での箱庭カフェ（宮城野区）（下）

■被災者支援事業

◎サポセンでの「茶話会」

仙台市市民活動サポートセンター（略称・サポセン）での茶話会は、仙台市内のみなし仮設の方向けに開いた「茶話会」です。近隣で開催しているお茶会がなく、「行くところがない」との声を受け、仙台市中心部の一番町にあるサポセンで開催し、現在も継続中です。各所からバスに乗って通う人もあり、家族を亡くされた方々の話等を個別に伺います。その中で、夫が行方不明の方は、何カ月か来られた方ですが、ようやくお世話になった妹さんにセーターを編むことができるようになったと言われ、まだ編みかけのセーターを持参して見せてくれました。とてもうれしかったことを思い出します。その方は、その後、家を新築され、「夫がいつ帰って来てもわかるように、閖上の近くに家を建てる」と言われ、一度お邪魔したことがあります。その後、習い事等も再開し、前向きに生きているように感じました。また、同じように夫を亡くされた方は、傾聴を何度かした後にサポセンの向かいにある花屋さんで「自分のための花を買った」と言い、とてもうれしかったことを思い出します。話すことで少し気持ちが上向く、それが傾聴です。

安心して話せる場があるということ、じっくりと寄りそって話を聴く傾聴は、これまでの信頼関係により、構築されていくものと考えています。そこからこそ前に進む力が出て、前向きに生きたい思いが生まれると信じています。

3年ぐらい経過した頃、被災者を支えた側の方が来られました。「これまでは、一生懸命被災者に対応してきたが、自分も被災者で、自分のことは二の次にしてきたことで、うつ状態になってしまった」という方です。このような支援者への対応も必要であると感じました。この方は「よく話を聴いてもらえて、スッキリしました」と言われ、その後何度か来られました。

その後、このサポセンは、若い非正規雇用の方も来られるようになり、会社の中ではなかなか話せない仕事の相談や、家族にも言えない悩みを話していく方が増えてきました。もちろん被災者だけではなく、このような働き方に対する悩みを抱えている方が多い現状が見えてきていました。女性の働く場、非正規雇用が多くなっている社会形態のひずみを抱えている方が増加していると感じられました。そして、このサポセンは、そのような、どこでも話せない方々が自身の思いを語ることができる場所へと変化していきました。当会は、今後もそのような方々へ寄りそっていきたいと考えています。

◎仮設住宅集会所茶話会、男性茶話会、ランチ会

仮設住宅集会所での茶話会は、仙台市、名取市、岩沼市で開催してきました。夏祭りやクリスマス会、ひな祭りなどの各行事にも取り組み、皆さんと楽しみました。他からの支援で仮設住宅の外にベンチを置くようになると、そこに集う人たちが話をするようになり、当会もそのベンチにいる方々と話をするようになりました。その方々は男性が多く、そこでの話から当会の「男性茶会」につながったと思います。通常の茶話会は、圧倒的に女性が多く、男性限定の茶話会だと多くの男性が集まりました。そして、名取市の保健センターで開催の「ランチ会」には、名取市内の各仮設住宅から多くの男性が集まり、久しぶりに会う津波被害の閖上の方々の交流の場にもなり、男性の皆さんに喜んでいただきました。

2011年7月、米ミシガン大学からの先生を招き、「心のケアを考えるフォーラム」を開催、その講師の方々を仮設住宅集会所の茶話会に参加していただき、被災者と懇談しました。その中で、「傾聴の会だから話せる」等の声を多数頂きました。仮設住宅集会所の茶話会でも孤立する方もおりましたが、個別に対応し、個人宅訪問もしながら支えてきました。保健センターからは、「傾聴の会のお陰で、被災者も変わりましたね」とねぎらいの言葉を頂き、活動の励みになりました。

その後、復興住宅に皆さん移行されて、離れ離れになり、「仮設住宅が懐かしい」と遊びに来られる方などもおりました。それほど、皆さんのつながりができていたことが伺えます。

扇町集会場パラソル喫茶（仙台市 2012 年 10 月）

名取箱塚桜団地（2013 年 10 月）

仮設住宅での男性カフェランチ会（上 2 枚）

傾聴カフェランチ会（上 2 枚）

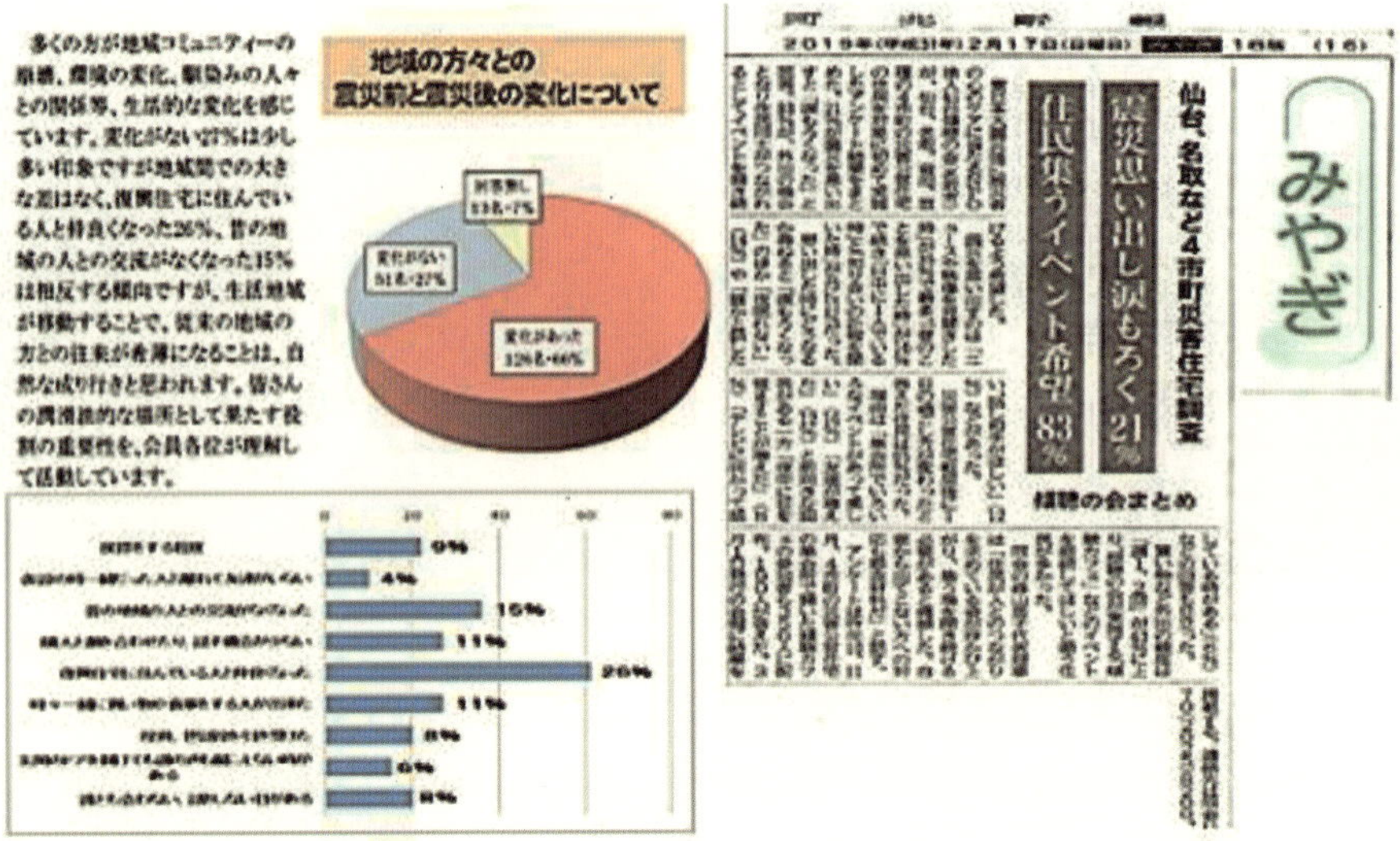

復興住宅でのアンケートを実施した河北新報の記事（2019年2月17日）

◎復興住宅集会所の傾聴カフェ

　復興住宅は、仮設住宅と違い高層住宅のため、ドアを開けても人の気配は感じられず、孤立的形態のため、つながり合う手立てが少ない状況があります。当会が復興住宅の方々に実施したアンケート調査によると、「近隣との関係づくりを大事にしたい」、そのために集う場所の必要性から当会が開催する「傾聴カフェ」等を継続してほしいとの声を多数頂いています。

　これまでは、目先の生活に追われ、自身の心に向き合うことができなかったと思われます。皆さん、終の棲家となる復興住宅では、ようやく自分の心に向き合う時間を持てるようになり、そこで、長い付き合いになる近隣の方々とは、良い関係でいたいと考えるのは自然なことと言えます。集会所はそのような方々が集う場所として、さまざまな団体がそれぞれの方法で活用して、集う場の設定をしていくことが求められます。当会は13年だから区切りにするということではなく、これからこそが自身の心に向き合う時だから、皆さんの心に寄りそう活動を継続していきたいと考えます。９年目にして、ようやく話すことができる、という方や、今になって津波の恐怖がよみがえるという方もいます。

さらに13年経過の今でも話せない方々が多数おられることを考えると、胸が痛みますし、これからこそが「寄りそう」必要があると考えます。だからこそ、簡単に13年で区切られるものではないと思います。「心のケア」の重要性をみんなで考えていく必要があると思います。

名取美田園「傾聴カフェ」

フラワーアレンジの様子

福島県南相馬市の南団地集会所の「傾聴カフェ」

「傾聴カフェ」（七ヶ浜町花渕浜集会所）

■傾聴サロン（無料対面相談事業）

当会のカウンセラーが個別に対応します。被災された方、一般の方どなたでも参加できます。仙台市、名取市、岩沼市、塩釜市、気仙市で毎月開催し、10時～15時まで、時間の予約を頂きます。

サロンに来られる方は、リピーターも多く、精神疾患者も来られます。それから、精神科の紹介の方、行政の相談窓口からの紹介などの方々が来られます。DV（家庭内暴力）や離婚問題、金銭問題などもありますが、そのような方々へは、その専門の所に繋いでいきます。ある中学生と母親が相談に来られた時は、別々に話を聴き、対応したところ、後日、子供の状態が良くなったという連絡を頂きました。また、震災前に入院先の病院から電話をくださり、1時間ぐらい話された方が当会の新聞記事を見て、サロンに来られ、「あの時話を聴いてもらえたから生きようと思った」と自身の人生を振り返られた方がおり、とても嬉しかったです。自分の人生を振り返ることで自分が選んだ人生を受け入れていくことに繋がるとも言われます。その人生を聴くのが傾聴ボランティアの役割でもあると思います。

当会は、「自死予防」の団体ですので、「生きている意味がない」などと相談に来られる方もおります。その方に寄りそいながら、じっくりとお話を聴かせて頂くことで、少し落ち着いて頂くことが出来ればと思います。精神疾患者は、特に話を聴いてほしいという方が多く、じっくりと傾聴することで、安心されることもあります。医療機関のカウンセラー対応だと有料になるので、負担が大きいと言われます。無料で対応して頂けるのは、とても助かると言われ、特に仙台市は毎回満席で予約をお断りする状況もあります。今後、相談員を増員していく必要があると考えています。

■電話相談

◎専門的スキルをもったスタッフ対応「電話相談」

新型コロナの感染拡大に伴い、当会の活動も大きな変化を求められました。2020年(令和2)3月に緊急事態宣言が発令、当会のすべての活動が休止しました。月1回の各支部定例会等、会場使用も禁止、会員はじっと我慢の日々でした。徐々に、自治会より被災者支援活動「傾聴カフェ」を再開して欲しいとの有難いご連絡をいただき、復興住宅での活動を再開できた所も出てきましたが、高齢者施設等への訪問はいまだ不透明です。

毎年延べ2000人もの会員が従事していた高齢者福祉施設の訪問実績が、2020年(令和2)度事業実績「0」という結果は非常に重く、まさに「密」こそ「傾聴」スタイルであり、厳しい現実を認識せざるを得ませんでした。そのような状況下、専門的スキルをもったスタッフが対応している当会の電話相談に全国からかけて下さる利用者さんが増え、急きょ電話回線を増設して月~土曜日まで対応することになりました。

◎電話相談員養成講座開催

事業従事者の拡充を図るため、2日間の相談員養成講座を開催。今年度は2回基礎講座も開催します。傾聴の基本となる講座に、会員も真剣に受講しています。

■ふれあい電話サービス(安否確認を兼ねて電話)

電話登録をしていただいた方へ、当会より月1~2回程度、安否確認を兼ねて電話をかけさせていただきます。

電話相談養成講座の様子（2020 年 11 月）

2024 年度電話相談員養成講座の様子（上左右）

2024 年度第 1 回メール相談研修の様子（上左右）

■メール相談

メール相談は、２０２１年に始まりました。

メール相談は、本当の意味での相手の気持ちに寄りそわなければ書くことができないのではないかと思っています。もちろん、聴いてもらいたいことは、メールを寄越される方の心の状態によって違います。そういう中で、何度かやり取りをして「自分に自信がつき視野が広くなった感じがして元気が出てきました。前向きに過ごしていきます。」「もう少し自分を見つめ直してみます。」などの返信メールが届くと、ほっとすると同時に、とても嬉しい気持ちになります。

■子育て支援事業

仙台市の「冒険あそび場」で傾聴活動をしています。仙台市こども若者相談支援センターとも協力、岩沼子ども食堂プラスとも連携をしています。

■みやぎ傾聴ネットワーク交流研修会

県内の傾聴活動をしている左記の団体と情報の共有を図るべく「みやぎ傾聴ネットワーク」を立ち上げ、各団体と交流研修会などを開催しています。

・登米市「傾聴自主グループ３」
・富谷市「傾聴の会」
・美里町「うさぎの会」
・大和町「よりそい」
・塩釜市「傾聴ボランティア塩釜」
・多賀城市「傾聴の会」
・利府町「り～ふ」
・白石市「アイキララ」
・柴田町「傾聴の会」
・山元町「傾聴の会」

多賀城傾聴の会　交流会

山元町傾聴の会　交流会

■記念誌の発行

２０１３年（平成25）８月、東日本大震災後、傾聴ボランティアとして、被災者の方と向き合い傾聴させていただいた活動の記録、そして当会発足五周年の記録をまとめ「あなたの心に寄りそう傾聴ボランティアの視点」を発行しました。多くの皆様から温かいご支援ご関心を賜り、現在は在庫がなくなりました。

その後、２０１６年（平成28）２月に『こころの復興Ⅰ』、２０１８年（平成30）３月には『こころの復興Ⅱ』と題して、なかなか進まない復興のはざまで生活される、被災者の声に耳を傾けた傾聴ボランティアの視点と、被災者皆様の声を綴った冊子を発行しました。当会の設立10年の歴史を振り返る冊子でもあります。

２０２１年（令和３）３月には『震災から10年

の聴き書き』と題して、被災者の方々からの「聴き書き」を、当会4冊目の冊子として発行しました。

本書『あなたの心に寄りそう傾聴の力』は、これらの記念誌を集大成したものです。被災者と傾聴の時間を積み重ねてきた個別具体的な経験をもとに、傾聴の力を描こうとしました。被災だけではなく別れや病気など自身では受け止めきれない経験をした方、孤独や孤立を感じている方などに対して、ただ側にいて寄りそい、傾聴しようとする方が一人でも増え、傾聴活動の際の参考になり、孤立支援や自死予防に少しでもお役にたてれば幸いです。

震災から 10 年の聴き書き集
「あなたの心によりそう」

これまでに発行した記念誌

■東日本大震災から10年の歩み紹介

東日本大震災から10年、被災者支援を継続してきた当会の歩みを振り返り、じっくり「傾聴活動」に取組み、心のケアを実践してきた当会の事業を映像とパネル展示で紹介致しました。（２０２１年8月31日～9月5日　東北電力グリーンプラザ）

人間関係の基本でもある「傾聴」について、共に考える機会となり、各支部会員の作品やネットワーク団体のパネル展示も実施しました。９月５日には河北新報に掲載されました。

会場の様子（東北電力グリーンプラザ）

被災者と歩んだ10年 紹介

仙台　「傾聴の会」パネル展

みやぎ　●総合●

「仙台傾聴の会」の歩みを紹介するパネル展

東日本大震災の被災者らの声に耳を傾け、心のケアに当たっているNPO法人「仙台傾聴の会」が、仙台市青葉区の東北電力グリーンプラザで、10年の歩みを伝えるパネル展を開いている。5日午後4時まで。

展示しているパネルは24枚。仙台、名取両市の避難所で被災者に寄り添って話を聞く会員や仮設住宅で重ねてきた茶話会の様子、熊本地震の被災地支援活動などを表情豊かな写真と簡潔な文章で紹介している。

傾聴の会は2008年、施設や1人暮らしのお年寄りを訪ね、孤立感の解消などを図る活動を開始。震災後は傾聴のスキルを生かして被災者の支援に力を入れてきた。震災前約50人だった会員は現在、205人に上る。

近年は復興住宅で開く「傾聴カフェ」が活動の中心。リラックスして音楽を聴いたり、歌ったりするプログラムが好評だったが、新型コロナウイルス禍の影響で、手芸などに内容を変えながら継続。会場の一角には、革ブローチなどの作品も飾られている。

森山英子代表は「『心の復興』は置き去りにされている部分も多い。多くの人に会の活動について知ってほしい」と話す。

河北新報の記事「被災者と歩んだ10年」（２０２１年9月5日）

■復興庁より視察・感謝状授与

東日本大震災被災地視察に東北ご訪問のご多忙の中、復興庁より大臣、副大臣が当会を視察されました。

2016年（平成28）6月、長島忠美復興副大臣が仙台北支部定例会に足を運ばれ、会員の発表に温かいねぎらいのお言葉を賜りました。2017年11月、吉野正芳復興大臣が亘理町で開催の傾聴ボランティア養成講座を視察。復興はソフト面、心のケアに重点を置きますとの熱いメッセージを賜りました。福島県出身の大臣だからこその対応のように感じました。

大臣、副大臣より、心温まるねぎらいのお言葉を賜りましたこと、当会への激励に深く感謝申し上げます。過密スケジュールの視察に当会理事と貴重な意見交換の機会も賜り、深謝申し上げます。

2018年7月には、傾聴ボランティアとして被災者支援活動を継続してきた当会に、復興庁より感謝状が授与されました。

長島忠美復興大臣が仙台北支部を視察（2016年6月）

吉野正芳復興大臣が亘理町養成講座を視察（2017年11月）

復興庁より感謝状を授与(2018年7月)

当会理事と貴重な意見を交換

■熊本へ

熊本地震発生1年半後の2017年（平成29）9月、13名で訪問し、熊本傾聴ネットキーステーションと交流し、熊本地震の仮設住宅で傾聴活動を行いました。ユニベール財団の「心のケアフォーラムにも参加しました。（2018年3月11日発行『心の復興Ⅱ』に掲載）

熊本支援（2017年9月）各支部から参加の13名。仙台7時45分発ＡＮＡにて大阪伊丹空港着、熊本行き乗り継ぎ便を待つ

■能登町へ

2024（令和6）6月、能登半島地震の被災地へ行き、「熊本益城町きままに」の傾聴ボランティアと合流し、能登町役場、能登町社会福祉協議会を訪問し、被災地としての経験をお伝えしました。

能登町仮設住宅入所者訪問、集会所での傾聴活動も実施しました。

能登支援熊本メンバーと（2024年6月）

五．傾聴活動のポイント

■ポイント1．「薄紙一枚の距離感で」

私は長いものが嫌いだ。ラーメン屋での行列、時間制ではないスポーツ、長い会議、妻の説教、ロン毛も嫌いだ。主語、述語がない単語での会話、熱しやすく冷めやすい性格。しかし、こんな私でも他者への話、説教は長い。職場の女性に「しつこい？」と聴くと「しつこい」と返される。

こんな自分ファーストな私が、仙台傾聴の会に入会し、傾聴活動を継続していること自体、不思議に思っている。それも今年２０２４年で6年目になる。

入会のきっかけは、人からの薦めだった。仕事の関係で、勤務先近くの社会福祉協議会に訪問することがある。その日は用件が早めに終わり、時間があったためか対応していただいた女性職員と自然におしゃべりが始まった。普段は、用件が済めばすぐ帰るのだが、なぜか会話が始まった。話題は仕事のことから始まり、次第にプライベートな内容になっていった。長男である私の両親への対応のことで、姉から文句を言われている、それも妻経由で耳に入ってくるというような内容だったと思う。その会話は雑談レベルから次第に私の愚痴大発表会になっていった。事務所にいた社協職員全員、私の両親、兄弟の関係性を知ることになった。今、思い出しても恥ずかしい。

その女性職員は、定年退職により数日後には事務所から去る方だった。仙台傾聴の会を薦めてくれた。

今、思い出すと彼女の対応は、その後、経験することになるロールプレイングそのものだった。彼女は、仙台傾聴の会の研修を受けた経験者だった。「ハイ、ハイ、行ってきま～す！」という感じで、よく考えもせずに、すぐ入会希望の電話連絡をしていた。

今はとても感謝している。彼女にもまた自分を受け入れてくれた仙台傾聴の会、そして会の皆さんへ。

私は元々人の話を聞くことが嫌いだった。興味のないことには耳をふさぐ。相手の話が終わらない内に自分の話を覆いかぶせるような人間だった。また、会話において勝ち負けを意識するような非常に余裕のない人間だった。

これは私生活だけではなく仕事においてもそうだった。社会人としては致命的、その上謙虚さもなし。入会を決めた時は、単なる話を聞くマナー講習的内容を想像していたが、入会してみると全く違っていた。傾聴は、心を持って取り組む技術だと感じた。知識、技術だけでは相手とは向き合えない、そこに〝心〟がないと成立しないと初めに感じた。私は諸先輩に比べると、まだまだではあるが、この短い期間で体験した、研修・講習、そして傾聴活動は間違いなく私生活、そして仕事の面において私を助けてくれていると実感している。

研修・講習では多くのことを学ばせてもらっているが、復習をしないことから多くを忘れている。しかし、下記の4項目だけは、頭から決して離れない。自分にとっては傾聴活動でのキーポイントになっている。

①「聴き手は、答えを出さない」「相手は自分が考

え、理解すること以外は納得しない」

私にとっては、これが傾聴の真髄と考えている。

②「傾聴している自分が、どのような感情を持って対応しているか、意識すること」

ここは少し難しいのだが大事なことは理解できる。〈共感〉できるか否かは、ここにポイントがあると考えている。

③「慈悲の心」

ボランティア活動は、慈悲の心だと教えていただいた。自分のことは投げうっても相手のために尽くす。現在できる範囲内での活動だが、このレベルで相手に尽くせたときのことは想像すらできないのだが、近付きたいものだと時々考えることがある。

④「薄紙一枚の距離感で」

これは数値的に確認ができないことから、抽象的だが聴き手のスタンスとしては理解できる。相手との距離感は常に変化していると思うが、まず自分が平常心でいなければ、この薄紙は破けるだろうし、また厚紙の距離にもなってしまう。（仙台中支部　佐藤幸生）

■ポイント2．「遺族の心のケア―傾聴と寄りそいの必要性」

石巻市内の仮設住宅で暮らす70代の男性Aさんと出会ったのは、震災から2年が過ぎたころでした。Aさんは東日本大震災で長女を亡くしていました。

「娘は私のせいで亡くなったんだ」。私たちが発行する仮設住宅向けの情報紙を手にAさんのもとを訪ねたとき、彼は静かに涙を流しながらそう話してくれました。Aさんは長女にいつも、「周りの人のことを考えて行動しなさい」と教え、責任感の強い子に育てたといいます。娘さんはあの日、その責任感故に職場に残り、津波に飲まれました。

「避難しなかったのは、私のせいだ…」「いっそ自分で命を絶って楽になりたい…」

あの日から2年経っても、Aさんの時計の針は進んでいませんでした。

それから私は何度もAさんを訪ね、Aさんは何度もつらい心の内を話してくれました。聞けば誰もがパッと笑顔になれる、そんな魔法の言葉は存在しません。励ましや助言はせず、ひたすら耳を傾けました。どれだけ嘆いても娘さんは戻りません。ときに、話を聞くのがつらいものがありました。

「生きていて良かった」と思える日が来ると信じるしかありませんでした。

Aさんと出会って2年が経ったころ、ある変化に気が付きました。「自分のせいで」と言わなくなったのです。悲しみが癒えたわけではありません。「毎朝、位牌に手を合わせると涙が出る」と言います。しかし、あれほどかたくなに言っていた「自分のせいで」という言葉をほとんど口にしなくなったことは、大きな前進でした。また、Aさんの奥さんが、ボランティアから届く手紙を「宝物」と見せてくれたこともありました。少しずつ、時計の針が動き始めました。

そして、最近また大きな変化がありました。若い学生のボランティアに対し、こう言ったのです。「災害が起きたら、すぐに安全な場所に逃げるんだよ。『無責任な』と言う人がいるかもしれない。

けれど、生きてさえいれば信頼は取り戻せる。誰かを助けることもできる。何よりも命が一番大切なんだ」。長女の死で自分を責めてばかりいた人が、「命の大切さ」を伝えているのです。ここまで回復する過程に立ち会えたことへの感謝と感動で胸がいっぱいになりました。

阪神淡路大震災で母を亡くした女性が、発災後21年経って初めて追悼行事に参加できた、という記事を読んだことがあります。震災時、彼女は21歳。母と共に過ごした21年、母を亡くしてからの21年。これからは母を亡くしてからの人生の方が長くなる。その節目に彼女は初めて母の死を受け入れ、追悼行事に参加できたのだといいます。東北にも、今も止まったままの時計を胸に抱える人がいます。

カウンセリングの世界では、人には本来自分で自分を治す力「自己治癒力」が備わっているといわれます。心が深く傷つき、悲しみに打ちひしがれているとき、自己治癒力は弱まっているかもしれませんが、なくなったわけではありません。その自己治癒力を最大化させるのが、傾聴であり寄りそいです。Aさんはそのことを私に教えてくれました。人はどれだけ傷ついても必ず回復できる～希望を覚えました。（石巻復興きずな新聞舎代表・岩本暁子・2021年記念誌から抜粋）

■ポイント3．「プリズムを磨く」

傾聴の会に入会してずいぶん月日が経ちました。私は以前、人は自分というプリズムを通して人を見てお話をするため、プリズムが濁っていれば濁った見方をしてしまう、つまりプリズムを磨く自己研鑽が必要であること。もう一つはプラスのストロークを投げかける話し方の大切さの二つのことをお伝えしました。

傾聴の研修で、存在認知―自己受容感―自己肯定感―自己有用感（自己効力感）の講義がありました。話を聴いてもらっている人が自分の存在を認められ、大切にされている実感を体験し、自分はこれでいいのだと自己肯定感が高まり、何かに挑戦できるということでした。これらのことは月日を経ても、人を丸ごと受け入れる心の過程でとても大切なことだと感じています。

養成講座、傾聴の三本柱、①傾聴モード、②共感、③受容は、相手を思うことのベースにもなり、大切なことと思います。傾聴の意識を大切にこれからも支部の皆さんと「楽しく、仲間と、希望へ」のスローガンの下、微力ながら一助になれば幸いと思います。（仙台南支部・佐藤知子）

■ポイント4.「心を傾けて聴く」

「傾聴に入ったきっかけは何ですか？」と、ある人に聞かれたことがあります。あるところで傾聴のパンフレットを見て、傾聴とは人の話を批判せずに聞く方法と知り、人のためになり、自分のためにもなるかもしれないと思ったことがきっかけでした。

養成講座を終え、傾聴の基本原則を一応は身に付け、毎月の定例会に出席し、総会やバザー、冊子の配送作業などに参加しています。コロナの関係もあり、自分として実践活動はまだ行なっていませんが、会員の方の話を聞いたり、冊子によって様子を知ったりして、傾聴の効用、奥深さ、そして人の心に対する良い影響などを知り、深く感銘しています。

傾聴といえば、対象としては高齢者、病にある方、そして災害に遭った方などに対する対応が多いのですが、その基本的な効用としては広範囲で、健常者や身内の人、友人、知人、若者、そして幼児に対しても有効であるばかりでなく、本当に必要なものなのだということが実感されてきました。

私たちは誰もが、自分を表現する場、機会というものを望んでいます。これは理屈ではなく、まさに人間の本能であると思います。自分の思いを誰かに聞いてもらう、それによって心が軽くなり、自分の重要性を実感し、確認できる身近で確実な方法と思います。

私は定例会で「定例会の出席者ができるだけ一人一人が話す機会をつくってほしい」と提案しました。事務的な連絡はもちろん大事ですが、2時間も黙って一方的に話を聴くだけだと疲れてしまう。話すことによって気持ちもすっきりするし、会合に出席した価値を自覚できる旨の希望を出したところ、快諾いただき、実現し、嬉しかったことを覚えています。このときすでに、自分が傾聴する立場でなく、傾聴してもらう立場になっているのだ、と気付き、傾聴が本当に大切であることに気付きました。

バートランド・ラッセルというイギリスの哲学者がいます。二〇世紀の世界の知性と言われた方ですが、彼の著書『幸福論』の中で、こう言っています。「幸福の秘訣《ひけつ》はこういうことだ。あなたの興味をできる限り幅広くせよ。そしてあなたの興味を引く人や物に対する反応を敵意あるものでなく、できる限り友好的なものにせよ」(『幸福論』10章幸福はそれでも可能か）ラッセルは哲学者であるとともに、著名な数学者ですので、論理的な思考に長けた方ですが、「人や物に対する反応を友好的なものにすることが幸福の秘訣だ」と言っています。

傾聴という行為は、人に対する反応を友好的なものにする、最も身近な方法と思います。お金も要らず、物も要らず、設備などの特別な準備も要らない、ことば、態度、対応の三つだけで相手に寄りそい、心を高めていく方法で、簡単そうではありますが、実に奥深いものです。

世界中の人が傾聴を理解し、実践することができたら明るい世の中になると思います。これからも多くの方が傾聴を知り、実践に向けて行動できる機会が訪れれば良いと思っています。（仙台南支部・岩崎勝儀）

■ポイント5．「初心忘るべからず」

私が傾聴ボランティア養成講座を受講したのは、2011年2月11日が1回目で、2回目、3回目の間に東日本大震災に遭遇しながらも修了証をいただきました。

良い聴き手になるために、①傾聴の意味と意義、②傾聴の基本的な心構え、③信頼関係の形成、④傾聴モードで聴く、⑤共感的理解で聴く、⑥受容的態度で聴く、等々の内容でした。

話し手の方に接しては、①目線（アイコンタクト）を合わせ、②話し手の言葉に相づちを打ち、③うなずき、を行動で表現して会話を楽しんでいただくことでした。

聴の漢字の中にある、「十四」の心で聴きましょうと言うことで、感謝、関心、共感、謙虚、好意的、肯定、信頼、受容、誠実、先入観を持たない、対等に、優しく、ゆっくり、理解する、これらの意味合いを踏まえて傾聴をさせていただくことでした。

ボディランゲージ（非言語）を読み取ることも大切な傾聴で、こうした基本的な知識を身に付けて傾聴ボランティア活動へのゲートウェイに入りました。

東日本大震災後に仮設住宅での傾聴活動は大変印象深いものとなりました。先述のノウハウは空虚なものに感じられ、被災者の前ではただ、ただ無言のまま寄りそい、頷《うなず》き、まなざしを受け止めるだけでした。一瞬にして生活基盤がなくなり、中には理不尽に肉親を亡くされた方もおられました。精神的なケアのノウハウが必要なことは言うまでもありませんが、こうした究極の環境下では人間は虚しいものだと痛感しました。

平常心を保ち呼吸を整えて、話し手の方に安らぎと安心を感じていただけるような傾聴ができるのだろうかという不安が高まり、傾聴活動を始めた動機との差に自己嫌悪さえも抱くようになりました。

震災後2～3年経過して、仮設住宅も含め高齢者福祉施設での活動も多くなりました。歌を皆さんで合唱して、昔を思い出されて会話をされる方には傾聴冥利に尽きるのですが、認知症状の方には、会話が難しくまた若かりし頃の話を繰り返し繰り返して話される方もいて、聴き手としての忍耐力を試されることの多い時間もありました。

以上の傾聴活動を始めてから13年目が過ぎようとしていますが、傾聴させていただいた多くの方々は、受け止め方、話し方、表情も違うのです。当然のこととは言え、改めて人と接することの難しさと大切さを認識させられました。

傾聴活動の始まりは、挨拶から入り名前を名乗って話し手の方の名前を伺がってから会話になるのですが、私は以下のことを心がけてお話を進めるようにしてきました。「キドニタテカケセシ衣食住」。これは、会話がスムーズにできるようにするための知恵です。

キ（気候）**ド**（道楽趣味）**ニ**（ニュース）**タ**（旅）**テ**（天気）**カ**（家族）**ケ**（健康）**セ**（性）**シ**（仕事）**衣**（衣服）**食**（食べ物）**住**（住居）。

これらの語は、会話がなかなか進まない、共通の話題が出ない等で沈黙の時間が長くなることも多々ありますので、このことを覚えておくと順番通りでなくても会話の糸口になることが大変多いのです。何故ならこれらの項目は、人間生活に共通なものですので、この十二語を気楽に活用してみてください。その上で、冒頭で示した養成講座のプログラムを確認して、実践活動に参加されてはどうでしょうか。

室町時代の能役者である世阿弥の『花鏡』の一節に「初心忘るべからず、時々の初心忘るべからず」の言葉がありますが、初心を大切にして傾聴ボランティア活動に参加され、話し手の方との楽しい思い出を、記憶の図書館に納めてはいかがでしょうか。（仙台北支部・山岸敬一）

■ポイント6．「経験豊かな方々のお話を自分の糧に」

前職では、名取市被災者支援業務に6年間関わってきました。震災当時の状況のさまざまな話に耳を傾け寄りそって支援してきました。また、スムーズにいくことばかりではなく、こちらの思いが空回りする場面が多々あり、支援の難しさを痛感したものです。災害復興住宅が完成し、名取市の支援業務は終了。自分の中で何かできることはないものか考えました。退職前から興味があった「傾聴の会」に入会を決めました。

3日間の講座は久々で新鮮なものでした。ロールプレイングは、会話の中から思い・困りごと等の主訴を聞き取り理解していくことの難しさを感じました。入会当時はコロナ禍真っ最中で、定例会や開催している傾聴カフェに参加しました。実際の傾聴では自分の頭の中で描いていたものとは程遠いもので、力のなさに向いていないかもと思ったりしました。仕事としての支援を引きずっている自分に気が付き、ボランティアであることをもう一度見つめ直す機会になりました。

傾聴の際の経験豊かな方々の身になるお話を伺い、自分の糧にしていきたいと思います。

見返りを求めない傾聴は、自分が試される場面だと思っています。難しいことですが心に留め気負わずに臨んでいきたいです。介護施設は1ヵ所ようやく解禁となりましたが、まだ体験できない状況で歯がゆく残念です。まずは自分が元気になり、それから皆さんと一緒に活動して行きたいです。（名取支部・高越弘子）

■ポイント7．「一人暮らしの方の一言に使命感」

震災当日、私は介護士として高齢者の見守りに追われていました。寝たきりのその人は暗く寒いベッドの中で震えているだけ。懐中電灯で灯りを、ペットボトルで暖を、そしてすぐ食べられるものを置き、帰ろうとすると、「もう少しそばにいて」と声を絞り出すのでした。次に訪れた一人暮らしの男性は、壊れた窓ガラスを片付けていました。私と、ダンボールで吹き込む雪を必死でふさぎました。こうして次々と声をかけながら安否確認をして歩きました。

八木山地区(仙台市太白区)は家こそ流されないものの、倒壊した家屋が多く、家族とも連絡が取れず、給水車に水も取りにいけない高齢者でいっぱいでした。「ここにも被災者がいます」と叫びたかった。

私はこうした経験から、人々は、不安が大きいほど誰かを求めるもの、苦労が多い人ほど聴いてもらいたいのだ、と改めて確信しました。特別なことを望んでいるのではなく、そばに居て手や背中をさするだけでも心が落ち着くのだと思い知らされました。震災後13年、町並みは整備され、人々に笑顔が見られるようになりました。それでも心の傷は忘れられないはず、そんな人のそばに居て、寄りそうことでいつかは心を開き、語ってもらえたら私の存在も意味があると思っています。

こうした思いを強く心に留め、傾聴活動を始めて7年になります。コロナ感染症の流行で、施設訪問での傾聴活動は3年間も足止め、世間ではデイサービスも不安で行けず、引きこもり、フレイル状態の高齢者は爆発的に増加しました。施設の中では家族の方とも面会できずに亡くなった人も多くいました。そんななかで私は電話で傾聴活動をしたり、個人宅へ傾聴に行ったりしました。一人暮らしの男性に「感染を気にせず、来てほしい」と望まれたことは私に勇気と使命感を与えてくれました。

仙台傾聴の会は、さまざまな方法で人々に寄りそっています。このようなボランティア活動に参加できて、退職後の私の人生は多忙で、充実したものとなっています。微力な自分でも人々の役に立っている。先日、3年ぶりに有料老人ホームで活動をしました。その方からは「こんなに話したのは久しぶりです。また来てくださいね」という言葉をいただきました。私の方が喜びでいっぱいになりました。自分のためにも、健康の続く限り頑張りたいと思います。（仙台南支部・細矢あや子）

■ポイント8．「私の心の復興〜誰かの支えになりたいという願い〜」

2011年（平成23）3月11日の東日本大震災は、私の住む気仙沼に、壊滅的な被害をもたらしました。大切な家族や知人を奪われ、家・財産・仕事を奪われ、多くの人々が、悲惨な状況に追い込まれ心を痛めました。わが家も流失しましたが、幸い家族は無事でした。

「災害時の4段階心理的回復プロセス」では災害直後「英雄期」といって、自分と家族、近隣の人々のために誰もが必死になる時期があるといいます。私もこの疲弊した状況下で憔悴《しょうすい》しきった人々に寄りそい誰かの支えになりたいという信念に駆られ、35年間勤務した仕事を離れる決心をしました。

当時の私は、気仙沼警察署の一画の勤務先で被災し、悲惨な現状を目の当たりにしたことも、このような思いに駆り立てられていった要因の一つだったのかもしれません。

手始めに、人に関わるための基本的な知識を身に付けなければと思い、東北福祉大学の通信教育部社会福祉学科に入学。挫折することを懸念したのですが、大学生活はとても新鮮で、有意義な4年間を過ごせました。受験勉強はとても大変でしたが、目標の「精神保健福祉士」の資格を取得し、大学を終えることができました。

次の私の目標は、実務経験の蓄積でした。ハローワークの就労支援、障害者支援センターの障害者支援、復興庁の支援、犯罪被害者支援センターの被害者支援に携わりながら、さまざまな苦悩を抱えた弱者に真摯に向き合い、その苦悩に寄りそう経験を積み重ねました。

この間に、心の専門家である公認心理師という国家資格が成立されました。何がなんでも資格を取得したいという気持ちが湧き上がり、独学でやっとの思いで取得。これは私の人生の中で、最も幸せな出来事の一つで、成し遂げたという達成感で満たされました。それから「仙台傾聴の会」に巡り合い、大学の先輩で福祉心理学科を卒業された森山代表に無理を言って、カウンセリングを学ばせていただくようになりました。

現在も代表のスーパービジョンを受けながら、「仙台傾聴の会」としてのカウンセリングのあり方を、学ばせていただいています。残念ながら、奥が深く思うように進歩していないのが現状ですが、自己研鑽を重ね、自分のできることの幅を少しずつでも増やしていけたらと日々感じています。

震災後に私が抱いた、誰かのために寄りそい、支えになりたいという願いは、13年も掛かってしまいましたが、今回、気仙沼サロンを立ち上げることができたことで、やっと出発地点にたどり着けたそんな気持ちがしています。「仙台傾聴の会」の皆さん、いつもありがとうございます。私の心の復興はまだまだ続きます。これからもどうぞよろしくお願いいいたします。（中支部・日野久仁子）

■ポイント9．「傾聴に出逢えたことで」

「なにが辛いのかすらわからない辛さ」の中でも、丸ごと受け止めて、一つ一つ聴いてもらえた時、不思議とフッと地に足が着いて、前を向いて歩ける力が湧く。底力のように湧いてくる力を引き出せる、傾聴の魅力と不思議さを感じています。

「話せたこと、聴いてもらえたことですごく癒された」という体験が自分の原点になっています。育児を通じて、初めて保健師さん助産師さんに、すごく話を聴いてもらいました。まとまらずぽつぽつ話すことも、勢いで感情ごと話してしまう時も、とにかくありのまま受け入れてもらえ、寄りそってもらえ、心が支えられた感覚が日々の底力になりました。理想とは程遠い生活や、そうしたいけどできない感覚、こうすれば良いといわれる方法論もいろいろあるなかで、頭も身体も動かないとき、前向きになれたのは、劇的な一言や万能薬のようなアドバイスよりも「ただ聴いてもらえたこと」でした。そこから見えてきたものは、自分でも気が付いていないほど心の底から垣間見えた本心でもあり、気付き、腑に落ちたことで、次に一歩進める行動力となりました。

話して心が軽くなることで湧いてくる力というものに驚きを感じましたが、漠然と日常を過ごしていたとき、先に母が傾聴を学んで活動していたことで、実際に自分も学びたい、知りたいという想いにつながっていきました。傾聴を通じて活動している母が、表情明るく動いており、楽しそうな雰囲気が印象に残り、基礎講座があることを聞いたタイミングで具体的に一歩踏み出すことができました。

産後いろいろ諦めて手離してしまった気持ちの中でも、それでも学びたいと思い行動できたことがわくわくしました。傾聴の講座そのものがうれしい時間で、なるほどと思うことも多く、その後は定例会にも何度か子どもを連れて親子三世代で参加できて、そのおおらかな雰囲気にほっとしました。活動にまだ参加できない状況でも、さまざまな体験談のなかからの気付きもあり、なによりメンバーに会いたくて行きたくなる雰囲気や場そのものが、心の支えになっています。

親子で受講できたことで話題も広がり、同じ話題で話せること表現できることで、相乗効果で味わいのある時間を過ごせています。

傾聴が学校の科目にあったらと思いました。友人から重い話を聞いてもアドバイスもできず、むしろ余計な言葉で傷つけてしまう不安や何もできないジレンマがありましたが、聴く力のすごさを知り自分自身も少し心が軽くなれました。また、話したいときに聴く余裕のある人がなかなかいない現状も多々あるなかで、傾聴してもらえる場があることを知り、この先も心強いです。

「あなたになら話せる〜聴くって奥深くて難しい」と思うなかで、自分もいつか、日常の一つ一つに向き合っていくなかでそう思ってもらえる器になれることが、無謀ですが今の目標です。あなたになら話せると思える、人としても魅力的な方が多いこの仙台傾聴の会に今とても支えられています。

（岩沼支部・T・S）

■ポイント10・「母から受け継いできたもの」

仙台傾聴の会に参加して7年になります。退職して、たまたま参加した仙台シルバーセンターでの講演会で、「仙台傾聴の会」の活動を知り、チラシなどから、社会貢献への意気込みを感じました。

傾聴ボランティア養成講座を受講して活動を始めて、私が身に付けてきた傾聴と何かが違うと感じました。実績のある営業職として、退職を延期させられるほど職場に貢献してきましたが、傾聴活動をするうちに、その違いが次第にはっきりしてきました。

その違いは「相手への気遣い」です。営業職では、最終的には相手に見返りを期待することが多いですが、傾聴の会では、相手のためのみを考え、見返りを求めないからです。会員の方々の意識の高さに驚きました。私が求めていた社会貢献の活動が仙台傾聴の会にあったのです。

ちなみに、現在でも10～25年ほど前のお客様たちと時々電話をかけ合い交流しています。

現在は「特別養護老人ホーム」と「冒険あそび場」のボランティアをしています。新型コロナの影響で、老人ホームの傾聴活動は休止になりましたが、2022年秋に活動が再開。冒険あそび場は2023年春に再開して、毎回の出会いを楽しみに活動しています。そのために、日々の食事は手作りを心がけ、毎日ジムに楽しみながら通い、趣味のボウリングも続けて、健康維持に努めています。

老人ホームでは、失語症の女性（60代前半）の途絶えがちで聞こえにくい言葉に根気よく耳を傾けむける傾聴仲間の活動から、「傾聴の奥深さ」を感じたことがあります。

言葉ではなく、微笑みやうなずくなどのやり取りから、二人が笑顔で見つめ合い、たがいに涙ぐむ変化に立ち合った時に、心がつながりあえた二人の感激と興奮が伝わってきて、側にいた私も感動と興奮を共有したことが今でも忘れられません。

冒険あそび場では、遊びに来る親子の乳児を抱っこさせてもらうことに楽しみを感じています。お母さんの胸と両手が自由になることで、上の子とじっくり遊んだり、ゆっくり深呼吸したりする時間をサポートしたいと思っています。私の抱っこで、静かに眠ってしまう赤ちゃん。その寝顔から、私も安らぎと充足感に満たされています。

今回、この原稿をまとめるにあたって、大きな発見がありました！

大正生まれの母はいつも笑顔で穏やか。近所の子どもたちにも気軽に声がけする人でした。幼なじみから「いつもニコニコして優しいお母さんだったネ」と言われ、とても嬉しかった。折々に、さまざまな人たちの話をじっくり聴いていた母の姿を久しぶりに思い出しました。

話を聴いてもらっているうちに、私の傾聴への関心の源泉は、私にとって偉大な母から受け継いでいたことに気付きました。これまで、母のことをゆっくり振り返ることがなかったので、得難い機会になりました。（話し手・仙台中支部・鈴木洋子）

◆　◆

営業職として活躍されていたことを伺えてわくわくしました。傾聴していた母を思い出し、自分への影響に気づき、さらに母への思慕と敬愛を再認識…。深まる気付きのつながりを共有し、聴き手冥利に尽きる時間になりました。お話を聴かせていただき、ありがとうございました。（聞き手・仙台中支部・小林せつ子）

第二章　東日本大震災・コロナ禍を経験して

～仙台傾聴の会・参加者の声

一．活動で聴いた参加者の声

■未曾有の東日本大震災発生

東日本大震災直後のあの時から、「自分たちは何ができるのか？」模索しながら走り続けてきました。それは、この状況を何とかしなければ、の思いが強かったこと。そして13年、まだ13年。これからこそが「こころの復興」ではないかの感を強くしています。

当会には津波被害に遭遇した名取市閖上《ゆりあげ》地区があります。名取支部の会員達は自らも被災した中、不安を抱え「傾聴活動」を続けました。

■月日の流れ

名取駅から、いわゆる通称閖上《ゆりあげ》街道を海に向かって進む。約4㌔の田畑の少し開けた場所に、5階建ての公営住宅が建っていて、以前は市内各仮設住宅に暮らしていた方々が越してきました。「高柳東団地」といいます。主に閖上地区に住んでいた方が多く、この団地は単身者のみとなっています。ただ高齢のご夫婦も何組かおります。

単身者といっても若い方の独身とは違い、震災時に配偶者、ご家族を亡くされた方々のお住まいです。皆さん60代から80代の方々が主に暮らしており、80代の男性Bさんは、ヘルパーさんが週3、4回来てくれて食事の支度もしてくれるのだとか。施設にも時々出かけ、入浴のお世話をしてもらうと話しています。奥様は震災前に他界しており、ずっと一人暮らしとのこと。それでも明るく「もう一人は慣れているから」と言います。

別居しているご家族の方が時々訪ねてくる、という方たちが多いということを聞き、ホッとしました。

70代の男性Mさんも、奥様と娘さんを震災で失くしています。以前は喫煙者で奥様から、「タバコは嫌いだからやめて」と言われており、それでもやめなかったそうです。奥様が亡くなり、仏壇の写真をみたらタバコが吸えなくなったのだといいます。やはり奥様の力なのでしょうか。今は全く吸っていないと笑っていました。

この団地で傾聴カフェを開いて何回目かの時、駐車場のまわりの歩道を手押し車でゆっくり歩いている高齢の女性がいました。

以前「桜団地仮設住宅」に住んでいたAさんでした。あの頃は80代後半と言っていたので、今は90歳を超えているでしょう。

「Aさん、Aさん！」と呼んでみました。そういえば、片方の耳が遠いのだと言っていました。追い付いて肩をたたき、傾聴の会を名乗り、「Aさん、お元気でしたか？」とお声をかけました。少し経って思い出したようで、「はい、何とかね」と言いました。桜団地に居た頃は、毎回傾聴のお茶会に顔を出しています。

ただ、この高柳に越してきてから、同居の息子さん（60代）が難病にかかり、いつもの明るさはありません。お茶会に誘っても来ることはありませんでした。

震災のときは逃げ遅れ、津波にのまれながらも、自宅2階のカーテンレールに掴まり、冷たい水の中から頭だけ出して何とか息ができていたのだと話してくれたことがありました。息子さんと娘さんの間に挟まれた形でカーテンレールに掴まっていたそうですが、「力がなくなって、沈んでしまうんだ」とあの日を振り返りました。

沈みそうになる度に、両側の2人が引き上げてくれたのだそうです。「私は年寄りだから、もう助けなくていいから」と言うと、息子さんがすごく怒ったのだと言います。「そばにいて母親を死なせるわけにはいかないだろっ！」と。

翌日、救助隊に助けられ、Aさんはやはり高齢のため低体温と肺炎で1カ月入院したといいます。そんな話を淡々と語り、聞いていたのは何年前になるでしょうか。お声をかけても団地のお茶会に顔を出すことはなく、3年くらい前にAさんの息子さんが亡くなったことを知りました。

その後はお会いすることもなく、お元気に暮らしているのかどうかもわかりませんでした。

この13年の月日と共に、それぞれ一人ずつの生活は否応なく変わっていきます。過去にとらわれることなく、まだ前を向けない人たちも、少なくはないと思うのです。（名取支部・嶋脇ウタ）

■楽しく居心地の良い場所をつくり傾聴する

認知症の母と隣県の実家で暮らす選択をしたけれど、社会とのつながりを求めていた時に「傾聴」の言葉に惹かれ出合ったNPO法人仙台傾聴の会です。震災から3年目の時で、岩沼支部では亘理の仮設住宅集会所と高齢者施設での傾聴活動が実施されていました。被災された方々の話は壮絶で、私は目を見張り頷《うなず》いて聴くことしかできませんでした。話の後半には「前を向くよりほかないんだ」「おれだけではないんだから」「無理にでも笑ってないとな」など、ご自分を奮い立たせている言葉を聴きました。「聴いてくれてありがとう」と帰った方に対し、本当に聴いてあげられたのだろうかとやり取りを思い返すうち、息苦しくなったことがありました。先輩の「聴いてくれる人があって話せるのだから」の言葉で落ち着きました。一生懸命聴くことで、相手の心が少しでも軽くなっていればと願い、傾聴の大切さを感じた体験でした。

それから9年、コロナの影響で高齢者施設での活動は休止状態ですが、傾聴カフェとして、亘理町の復興住宅(現在は県営住宅)内の集会所と岩沼市の2つのコミュニティーセンターで月1回、南相馬市の避難された方の入居団地では年4回開催し活動しています。岩沼市玉浦地区では被災により転居せざるを得なかった方々の、みんなと会える集いの場所になっています。たけくま地区では、地域の人の誘い合いで参加人数が増えています。それぞれに顔を合わせた時点から、参加者同士でもスタッフとも話が弾んで、楽しみに来てくれているのを感じます。

コロナが5類になり、以前のように音楽中心で行っています。音楽にはストレス解消や癒し効果と共に脳が活性化される効果があり、担当者選曲の歌を大きな声で歌い一緒に楽しんでいます。その後に一息つき傾聴の時間を設けています。グループの中でも一対一の会話になり、いつも笑顔の方が「被災した弟宅から引き取って世話をした母に言った一言がずっと悔やまれている」と話し出されたことや「あの日地元にいなかったことを言えなかった」などと、「初めて話した」ということがあります。13年経って、今だから、ここだから話せることもあるのだと思い聴かせて頂きました。みんなで楽しく集まっての傾聴カフェを、これで傾聴？　と戸惑う人もいますが、まず楽しく居心地の良い場所として参加してもらい、人に会うことで元気になり、何気ない会話や時に胸の内を語り吐き出してもらうことに意義があると思って、活動しています。

以前の記録誌の中に仮設住宅での活動を楽しく進めていきたい主催者に対し、傾聴を目的にする立場から、継続の参加が難しく終了したとの記述があり、残念に思いました。

ある時、介護の苦労を経てきた方の「私はへこたれないの」と凛として発した言葉がとても心に響き、それからずっと私の支えの言葉になっています。出会う方々、人生の先輩方に逆に力をもらって活動できていることに感謝しています。(岩沼支部・井砂ふみ子)

■語り合いや歌での支援に感謝

地震、雷、火事、親父は昔からの怖いもの例えでした。今の世なら地震、戦争、線状降水帯としたくなります。親父は権威をなくして寂しい存在になってしまいました。

線状降水帯による激甚災害が、どこかしこの区別なく大雨を降らせ、人命が失われ家や道路、橋などに大きな被害が出ました。これまで聞き慣れていなかった線状降水帯は恐ろしいものの代名詞となって耳に響きます。毎年発生して猛威を振るい、人はなすすべもありません。

戦争も恐ろしく、残虐非道、ロシア軍がウクライナに武力侵攻で無差別に攻撃を繰り返して、今だに終結を見ません。北朝鮮はミサイル発射という蛮行をエスカレートさせ、中国と台湾のあつれきも止まらない恐ろしい近年ですが、私の一番怖かったのは過去にさかのぼれば、東日本大震災、津波、東京電力の原発事故です。自宅は福島第一原発から14キロ内にあり、立ち入り禁止地域の20キロ内は道路閉鎖。バリケード設置、警察官、自衛隊配置されて一切出入りできない状態になり、長い避難生活を余儀なくされました。津波被害はありませんでしたが、道路上には屋根瓦、倒壊家屋瓦が散乱、また津波被害では車や漁船、家屋、家財等、至る所に放置されていました。自宅も屋根瓦が落ち、住居も損壊したまま、長い避難生活を余儀なくされることとなりました。

放射線量が高く20キロ圏内は環境省の管轄だとのことで、役所に聞いても相談にも応じてもらえませんでした。初めての原発事故で国もどうしたらいいのかわからない混乱状態。避難は原発事故のためでしたが具体的な避難指示内容や放射線の飛散状況などというように、避難において重要な情報を把握することができぬまま、放射能という目に見えない恐怖は凄惨な体験でした。しかもその時々の判断の結果を予測することが不可能な状況下で一刻の猶予無しに夫婦２人で避難しました。

避難生活は２０１１年３月13日（原発爆発）から南相馬市原町区の学校体育館２カ所と福島市内２カ所を移り歩き、２０１１年12月に入った南相馬市鹿島区の仮設住宅は狭苦しいがプライバシー保護。同じ地域の方々との仮設暮らしの５年間は交流も多く楽しく過ごせました。

帰還の断念に至るまでの苦渋、帰還の断念の決断後に愛着のあった自宅建物等は環境省事業による解体処理、苦労した挙げ句、安値で自宅土地の処分等、また、避難中に病死した妻を小高区吉名、自宅の近辺のお墓に葬り、今までの思い出を胸に秘め、２０１６年12月、南相馬市原町区の復興公営住宅に入居現在に至ります。方々からの寄せ集めで閉じこもりが多いように感じます。

東電からの賠償金額もまちまちで細かな話もお互い避けている状態です。20キロ内は賠償金あり、20キロ外はなし、同じ南相馬市内でも「あんたらは賠償金、あるからいいね」とはよく聞く話です。自然に話す。相談する人もなく内にこもる傾向を感じます。

私は、現在この復興住宅182世帯の自治会長職3年目になります。今日行くところがある。今日用事がある。外に出る勇気が欲しい。

立派な集会所があって使ってもらいたいと、卓球台や輪投げ等を揃えて、集会所の利用を呼びかけていますが、ほんの少数、皆無に等しいです。自分は週3回卓球練習、パークゴルフ、ゴルフ、カラオケを楽しんでいます。団地の皆さんにも、集会所のにぎわいの場にするために努力しますが、しょせん素人。歩みが遅い感じです。

仙台傾聴の会の皆様方、何回か御支援いただいております。少数の参加者しか集まらないこともありますが、参加した方は、同じ目線で語り合いができて大好評です。

仙台傾聴の会の、場馴れしたプロの方々に、話し合い、歌、ゲーム等で御支援、御指導いただきたい。歩みの遅いカメさんですが一歩一歩前進したい。

仙台傾聴の会の皆様の益々の御活躍、御多幸を御祈念いたしまして御礼のあいさつといたします。

（福島県営復興公営上町団地自治会会長・佐藤周司）

■少しでも心が軽くなっていただければ

東日本大震災から間もなく2年となりますが、震災後12日目の3月23日、初めて避難所で傾聴させていただきました。

何とお声がけしようか、はじめの言葉を選ぶのに心を痛め、戸惑いを感じました。「体調はいかがですか？ 夜は眠れますか？」と声をかけました。

60代の夫婦は、水に浸かりながら高齢の両親を浮かんだタンスと洋服タンスの上に乗せ、一晩夜を明かしたそうです。両親は眠るとタンスの上からずり落ちるので、また引き上げて、を繰り返しながら助けを待ったと涙ながらに語って下さいました。両親は低体温症で病院に入院しているとのこと。想像を絶する出来事をお話し下さった方の思いを、私はどこまで受け止められるのか、無力な自分との葛藤がありました。

別の避難所では区長さんが、壁に茶毘《だび》に付される方々の名前を記した紙を張り出しておられました。「まさかこんな仕事をしなければならないとは思ってもみなかった。悔しい」と。私は返す言葉が見つかりませんでした。

70代の女性は、「強い余震が続く中、不安と緊張の連続で身も心も休まることはない。自分でもよく助かったと思う。もうこれ以上頑張れない」とつぶやいておられました。

廊下で壁に寄りかかってしゃがみ込んでいる4月から中学生になるという女の子に会いました。「寒くない？」と声をかけると、「私はこの携帯で友達と話をしている。もし携帯がなかったら、自分の気持ちのやり場に困って、親や祖父母に当たり散らしていたかもしれない」とのこと。誰かに話すことで気持ちが落ち着いているという様子でした。

避難所では、どこにもぶつけようのない憤りや悲しみ、今後の生活の不安などをたくさんお話していただきました。私が話を聴かせていただくことにより、被災された方々が少しでも心が軽くな

っていただければと思い帰宅した日々でした。（前副代表・板橋肇子　２０１３年記念誌）

■「何年か振りで声出して笑った！」

「傾聴ってすごい！」と思った出来事を体験しました。それは、母の病院へ同行して行った時のことです。待合室で長椅子に母と一緒に座っていたところ、ひとりの女性が私の隣に座り、私に声をかけてくださいました。その方は病気のため声が出なくて、無声音での会話となりました。「私はうつで、橋本病なんです。声が出なくなり、耳鼻科を受診したが原因が解らず、途方に暮れていたところ、たまたま立ち寄った診療所の先生から、橋本病のようだとの事で専門の先生を紹介され、病名が分かったのです。橋本病は甲状腺機能が低下する病気で、新陳代謝も低下するために体重増加すると言われたのですが、10㌔も増えてしまい、洋服を買い直したり、日常生活も大変なんです。私は40㌔がベストなのに50㌔になってしまって…」。私は、初めてお目にかかった方から無声音で突然話をされ、戸惑いましたが、傾聴ボランティアとして、相づちやうなずきを使いながら傾聴モードでお話を伺いました。さらに、その方は「私が体重10㌔増えたと言うと、友達からは太っていないよ。10㌔くらい誰だって増えるし気にするなって言われるけど、あなたは違うね」。私は、自分の意志に関係なく体重が増えるってつらいものがあると思い、体重に関してのコメントはせずに、その方の気持ちに寄りそってお話を聴かせていただきました。その後、御家族のお話や御両親のお話などをなさって40分くらい経った頃、出なかった声が出始め、御本人も私も驚きました。「あっ！　声が出た！」

それから診察を受けて戻って来たら「先生からも、声が出ないって言っていたけど声が出てるんじゃなぁい？」と言われたそうです。会計で呼ばれるまでの間も会話が続きました。お子さんの話をなさった時、今度は声を出して笑ったのです。「あっ、私何年か振りで声出して笑った！」とまたまたびっくり！私はお話をお聴きしていただけなのに、何と素晴らしい体験をさせていただいたものだと感激しました。本当に「傾聴のちからってすごい」と思った一日でした。（前副代表・板橋肇子　2016年記念誌）

■あの日あの時にお話しして下さった方々の思い

3月11日14時46分、私は利府町にある大型商業施設で遅い昼食を済ませ、そこで買い物をしていたその時、「ぐらぐら」と大きなが揺れが…。店内アナウンスが流れた。「動かないように」と。少したたずんでいると、また揺れが、その後、誰が言ったか分からないが、「外に出た方が！」と聞こえてきた。私もそれに合わせて外に出る。駐車場は、車同士がぶつかりそうに波打っていた。「車の渋滞…出られないかも！」と私の脳裏をかすめた瞬間、その揺れも気にせず車に飛び乗り家路に向かった。普段であれば仕事をしている時間。仙台の職場で被災していたはずだ。実は、一昨日帰宅途中に、凍っている路面に足を滑らせ頭を強打、休暇をとって病院に行った帰りだった。

家に着くと、隣の奥さんが2匹の犬を抱えて放心状態で外に立っていた。怖くて家に入れないと言う。私も慌てて玄関先に向かい、愛犬の名前を繰り返し呼んだ、「シーン」として部屋の中からは物音一つ聞こえてこない…。恐る恐る足を踏み入れた瞬間、脱兎のごとく愛犬が駆け寄ってきた。「良かった〜」それから、近くに住んでいる母を迎えに行く。途中、「10㍍の津波が来る」と防災無線が連呼していた。それに驚きと恐怖を抱きながら、瞬く間に夜を迎えた。ラジオからは、あちこちの被災状況が伝えられ、不安な一夜だった。ガソリンも不足、JRも不通のなか、多賀城市に住んでいる私は、それから3日後、バスで職場に向かった。利府街道も国道45号線も渋滞で、朝早くに家を出ても、職場に着くのは11時過ぎ。

職場では、被災された方が一人また一人と訪れ、被災状況を語っていく。亘理町に住んでいた方は、「自分の家は二階だけ残ったの〜まだ良い方よ。周りは全部流され、近所の人に申し訳ない」と肩を落とす。気仙沼市から来た青年は、「親族、友人10人以上の方を亡くし、一生分の涙を流した」と俯《うつむ》く。高齢の両親を介護していた方は、「家が被災し、面倒をみるのが困難だ」と嘆く、どの話も、聞くに堪えがたい内容でした。

その中でも、忘れられないのは、震災後、仕事として、被災地に通われていた方が、ある時、「俺、何かおかしいんだ。夜になるとあの悲惨な状況が目に浮かんで涙が止まらないんだ…眠れないんだ」と暗い表情で話し出し、それからは、毎日のように仕事が終わった後に訪れ、被災状況を話していく。私は、ただただ聞くだけでした。それから数週間がたったでしょうか。「俺、少し元気になってきた」とぼそっと言ってくれた時には、「良かった〜」と私は安堵感を体中一杯に感じたのを憶えています。

これが「傾聴?·」。その時は分かりませんでした。

仕事一筋だった私が、退職後、何かをしようと考え、「聞くことだったらできるかも?・」と思い、専門に傾聴を学ぶ場を探し、通い始めました。学びは、自分の人生を振り返りかえることができ、たくさんの気付きがありました。それを活かすところはないかしらと思っていたころ、ふと新聞で見つけた、傾聴ボランティア養成講座を受講しました。

それから約6年、私が、今なお、活動を続けられているのは、あの日、あの時に、お話ししてくださった方々の思いが、私を導いてくれたのではないかと思うことがあります。私にとって、傾聴の会は、私の内省を磨き、成長させてくれる場であり、今後も自分のペースで地道に活動が続けられたらと思います。(副代表理事・加藤慶子　2021年記念誌)

■「久しぶりにお話ができて楽しかった」

震災前にご主人を亡くされ、山元町で一人暮らしをしておられた泉川さんは、震災のあの日、町内の役員として自分の班の安否確認に近所を回り、「避難してください」と声がけして歩いていた時、気が付くとすぐ後ろまで水が来ていた。必死に不自由な身体で大きな流木にはい上がり、少しでも高い所にとつかまっていた。冷たい水に浸かったまま暗くなり、亡くなったご主人に心の中で、「まだ、そっちに行きたくない、助けて!」と叫んでいたが、次第に意識が遠のいていったと言われた。

そして、救助された山元町国立宮城病院の枕元で、「オフクロ、オフクロ、大丈夫か」と、大声で叫ぶ息子さんの声に、ようやく意識を取り戻したそうです。看護婦さんからゼリーを頂き、子どもたちから「お母さん、いつもちゃんとしていたから助けてもらえたね」と言われ、本当にうれしかった。

また、隣のベッドには娘さんの担任の先生がいらして、見守られている、と感謝の気持ちでいっぱいだったと話された。

震災後、近所に娘さん家族が暮らしている、あすと長町第二復興住宅(現在の名称は市営住宅)に入居。お孫さんに会う機会が増え、親孝行の子どもさんたちに見守られ、食事会や折々の行事等もできた。今も娘さんや息子さんのお嫁さんと、お茶を飲みながらおしゃべりをしていると、素敵な笑顔で、幸せで穏やかな日々が目に浮かぶ様子をお話くださいました。そして、子育てで一番大切にしていたことは、「真心を持って人に接し、人の立場を考えて行動できる、明るい役立つ人間に」が信条ですと、今もそのお気持ちを大切にしておられる様子が伝わる言葉を、かみしめるようにゆっくり繰り返されました。

泉川さんは幼少の頃からお身体が弱かったそうで、股関節や甲状腺の病で、体が少しご不自由です。それでも、みんなに守られたと感謝して毎日を過ごしている。そして、自分のできる範囲でお手伝いをさせてもらおうと、なかなか決まらずに困っていた自治会のお役を引き受けられる等、本当に温かくて細やかなお心遣いの優しい方です。去年の寒い頃でした。実は午前中デイサービスに通い、ほとんど休憩する間もなく、お役だからと午後のお茶会に参加していたが、急に血圧が上がり医師からドクターストップが掛かったと伺い、驚きました。少しずつ身体に負担が掛かっていたようで、お子さまからもお母さんが、今していることは、無理してやらなくてもよい仕事ではないかと言われ、自治会の仕事を辞めることにした、お茶会も卒業すると言われました。その上、長女ご家族が他県に引越しすることになり、泉川さんにとって思いもかけない出来事が重なったのです。更に、新型コロナ感染拡大に伴い、当会のお茶会も休止になり、しばらくお目に掛かっていませんでした。

今回、「聴き書き」をお願いするに当たり、久し振りにお会いしたところ、耳にポリープが見つかり、市立病院で2週間に1度のつらい治療を受けていて、痛みもあってほとんど家で過ごしていると伺いました。ぜひ、ご協力いただきたいと何も知らずに連絡を差し上げ、申し訳なくおわび申し上げました。「何よりお身体が一番大切です。どうぞ無理をなさらず、お大事になさってください」と申し上げたところ、「自分を奮い立たせる時は、人に感謝して生活している、という気持ちを忘れないようにしている。子どもたちが心強い味方です。今日は久し振りにお話ができて良かった、楽しかったです」と言われました。私も久し振りにお会いできて、本当に嬉しく感謝申し上げました。

「あれから10年、あっという間でした。今はコロナもあって、自分さえよければと願う人が増えたように思う」と言われました。簡単に言い尽くせないこと等、たくさんあったことでしょう。変わらない笑顔でお話いただき、優しく誠実なお人柄の、こんなにも温かく思いやり溢れる言葉を紡いで、謙虚なお気持ちで大切な命と真摯《しんし》に向き合う泉川さんとの出会いに胸が熱くなりました。「心より感謝しています」とお礼を申し上げました。くれぐれもお身体をお大切にお過ごしください。

今回の「聴き書き」に快くご協力いただきまして、本当にありがとうございました。（話し手・あすと長町第二市営住宅・泉川かずえ、聞き手・仙台中支部・伊東みどり　2021年記念誌）

二．被災者として傾聴13年の記録

傾聴ボランティアを始めた矢先に被災された方が折々に書かれた原稿を再掲載しました。震災から13年のその時々の気持ちや状況の移り変わりの記録です。

■2013年　希望を持って前へ

傾聴養成講座を受講し、活動を始めた矢先、東日本大震災に遭いました。今まで経験したことのない激しい揺れ…。「この揺れでは津波が来ない訳がない」と…。収まったら逃げようと、すぐ行動に出ました。

わが家は専業農家で、施設園芸＋稲作＋野菜を耕作し、私は軽トラ山積みのキャベツの選別、夫は納屋でキュウリの箱詰め、母はこたつで、私は仕事中でした。外に出、井戸の端につかまり、家は右往左往に波打ち、胸ポケットの携帯ラジオは、津波3㍍、6㍍と報道し続けていました。家の中は滅茶苦茶で、車で隣の老夫婦に声がけし、母を乗せて「まずは逃げっぺ」と！　すぐ帰れると信じ、何も持たずに町の方へ！　道路には、大勢の人々が出て様子を伺っていました。

「逃げましょう‼」と声がけし、市民会館へと車を走らせました。そのうちに「津波がそこまで来た」と。帰れませんでした。その夜は凍てつく寒さで野良着のまま、市民会館で不安な一夜を過ごしました。夫は町内会長で町民に避難を呼びかけ、携帯はつながりません。母は最後に逃げた夫を心配し、真夜中に安否確認。話によりますと、逃げ遅れた場合のため、消防団と共に公会堂にあったはしごを屋根にかけ、急いで海に近い人たちに「逃げろ」と手分けして連呼。しかし消防団は逃げ遅れ、寒い屋根に一夜、次の日に救助されたとの事です。

市民会館では、エントランスホールや廊下、階段などに段ボール紙を敷き、毛布にくるまり、身を寄せ合い、2カ月の避難所生活となりました。家が心配になり、3日後、自転車でわが家へ。集落は廃墟と化し、津波の激流の強さに頭が真っ白になりました。何もかも失っていました。でもみんなで身を寄せ合い、互いに手を取り合って、毎日を整然と過ごしました。支援者の温かい食事、物資、励ましの催し、どれも癒され、少しずつ落ち着いてきました。

私は、避難所傾聴活動で皆さんの話を聴かせていただき、すべてなくした者同士、不安を抱えながら、表面は平常心で生活しました。息子に「後を振り返るな、前だけ見ろ。おばあちゃんが動けば前が見える」と。

今、私は、専業農家の悲哀を感じながら、がれき拾いで生計を立てています。畑を耕作し、収穫できた野菜を使い、食生活改善委員として習得した料理を仮設住宅の老人や仕事の仲間に提供し、ただ笑ったり話したり、時間を共有しながら一歩一歩前に進んでいます。明日を描きながら、夢と希望を抱きながら。

大きな地震の後には津波が襲来する。自分の生命は自分で守る。想定にとらわれない。そんな自分でいたいと思います。今まで、前に出る勇気を与えて頂きました多くの皆さんに感謝申し上げます。ありがとうございます。(岩沼支部・菊地幸子　2013年記念誌)

■2016年　新たな仲間づくり

新たに建設したビニールハウスが朝日を浴びています。キュウリの収穫のため、そのハウスに車を走らせる日々です。

千年に一度の大津波、自然の災害は逃げるが鉄則と言われます。私の故郷は三重もの減災構築物が完成の運びとなりました。

今、宅地の跡には雉が恋を語らう微笑ましい姿を見ることができます。集落の皆さんはそれぞれの場所に家を新築し、生活を始めました。自分もその集落の中に溶け込むよう努力し、参加することが一番と、新たな仲間づくりに頑張っています。

集団移転した方も安住の住処で、隣同士生活の基盤を整えての毎日が始まっています。今は落ち着いたかのように見えますが、これから本当の安らぎが訪れるようにと願わずにはいられません。

ときどき心の中に津波の恐ろしさがよぎる時があります。

でも、これからは楽しいことを心に想い描きながら、みんなと手を取り合って毎日を送れたらと思っています。時間が癒しを運んでくれるでしょうか。故郷を思いながら。（岩沼支部・菊地幸子　2016年記念誌）

■2021年　被災して10年 今の私たち

3月11日。あの日、私は経験した事のない地震に驚きました。携帯ラジオは3㍍～6㍍の津波が押し寄せるので高い所へ逃げるようにと連呼していました。まず、かばんを取りにと思いましたが、家の中は倒れた家具などで入れず、とにかく米寿の母を車に乗せました。夫がペットボトル2本を車の中に投げ入れてくれました。高い所へと思いながら、岩沼市民会館駐車場に身を置きました。

その夜は澄み切った空でしたが、寒い日でした。ただキラキラと無数の星が輝いていた夜空でした。

市民会館は、大勢の皆さんがおり、私たちは乾パン1個で朝を迎えました。間もなく情報が知らされ、自分はすべてを失くした被災者となりました。それぞれの避難場所でうずくまる生活でした。失った物を考え、明日からの生活をどう過ごすか？雑魚寝しながらそれでも、前に進もうと空元気で考えをめぐらしていたことを思い出します。

その後、大勢のボランティアさんから数々の支援をして頂き、心も体もほぐされていきました。黙々と泥をかき出したり、美味しい食事を提供していただいたことに感謝の一言しかありませんでした。そんな姿に励まされ、後ろは振り返らないと心に決め、励まし合いながら難局を過ごしました。

震災の1年前になりますが、岩沼市で傾聴養成講座が行われました。支部の皆さんと避難所を回り、耳を傾け、傾聴活動を行いました。

ある高齢の女性は息子さんに「前だけを見て、後ろは振り返ってはいけない」と言われたと語っていました。被災者同士、私も元気を頂きながら過ごしました。

時は流れ、早10年が過ぎようとしています。3ヵ月の市民会館生活後、仮設住宅に移り、その後は各自それぞれの再建した住宅、または集団移転地の生活へと落ち着いていきました。食と住の暮らしがなんとかできるようになりました。でも心の片隅には、虚しさが残った感じの私たちでした。心から楽しめる自分たちになるように、時が癒してくれるのかとも思います。

今、私たちは、公民館で玉浦カフェを行なっています。大勢の皆さんが集まります。「ふるさと」を手話で歌い、「市民歌」「花は咲く」など歌います。

誕生日は皆さんと祝い、簡単な体操も軽く行ないます。月1回の茶話会をとても楽しんでいます。ふるさとで採れた野菜を頂き、昔の隣人と顔を合わせることもあります。懐かしく心が躍ります。その隣人だった人と情報交換、健康確認などして、自然に笑顔になります。芋煮やすいとんなどを作り楽しいひとときを過ごしています。それは大切な癒しのひとときです。

今私たちの郷土は、生産組合が法人を立ち上げ、稲作や施設園芸、大豆など生産し耕しています。大勢の皆さんの力で生活ができるようになり、感謝申し上げます。その後、復興した農地にハクチョウが飛来し、餌をついばむ姿も見られるようになりました。記憶を辿りながら、それを乗り越えていく私たちになりました。感謝申し上げます。「ガンバレ！」と皆さんにもエールを送りたいと思います。そして「ここが故郷なの」と、この地に集っていきたいと思います。（岩沼支部・菊地幸子　2021年記念誌）

■2023年　居場所づくりは人づくり

「明日、来られますか」と、第4水曜日の傾聴への参加への連絡です。

振り返りますと、震災から10年以上過ごしました。あの時は、何が起こったかもわからず、ただただ避難しました。何一つ持たず、体だけで、市民会館に身を寄せました。すべてを津波に飲まれ、明日からどう生活したらいいか、途方にくれ、悲痛の日々を過ごした事が脳裏にうかびます。私は農家なので体を動かさなければ、体力がなくなると思い、わが家の畑など「ガレキ」を片付ける日々を過ごしました。そんな中、ボランティアさんが黙々と泥かきする姿に、私達も「ガンバル」しかないと心の底から感じ、背中を押していただきました。多くの人々の応援をいただき、生活を営むことができました。もう十数年の日々が過ぎました。おかげさまで、今は自分の生きる場所を見つけ、それぞれに生活しています。感謝の念でいっぱいです。

その後、皆さんで仲間づくりが大事とのことで、イベントなどに参加し、楽しみながら生活していました。しかし、「コロナ」が始まり、傾聴活動が、できなくなりました。休んだり始まったりと先の見えない3年間の日々を過ごしました。人と人とのつながりを断たれ、家に「スゴモリ」の生活で我慢の日が続きました。孤独の生活でした。ワクチンのおかげで元の生活になりましたが、玄関での接触となり、人と人とのつながりが希薄となった気がします。語らいの場所が、居場所づくりが必要と思われます。ふるさとでの集まりが傾聴の会となり、昔のふるさとに戻った感じがします。現状報告、健康報告など時間も忘れ、時を過ごして語り合っています。

振り返りますと、ふるさとの寺島分校での町民運動会、盆踊り、分校の空き教室で、カラオケ、ヨガ、太鼓の練習、健康教室などを開き楽しんだことを思い出します。玄関を開けると同時に、はやる気持ちで体が中にあり、お茶会などしていました。居場所づくりは人づくりだと思います。

皆さんで、お話しして、歌をうたい、お茶飲みしながら、心の寄りどころの傾聴会に参加し、語らいたいと思います。秋には、集落の生産組合が、秋の収穫祭を行ないます。皆さんで、農地を耕してきれいな農地になっています。楽しみです。

今、その後津波で流された跡地に二宮金次郎さんが、薪を背負い本を読みながら、分校の跡地に鎮座している姿が心に残っています。（岩沼支部・菊地幸子）

■時が必要だった～震災後13年経った傾聴の今

会員の菊地幸子さんは、岩沼市寺島蒲崎地区で被災され、当時、町内会長であった御主人は、町内の方々に「逃げろ」と避難を呼びかけ、命からがら公会堂の屋根で寒空の中一夜を明かし、翌日救助されたとのことでした。すべてを失くされたにもかかわらず、避難所や仮設住宅で散り散りにならされた方々を気遣い声がけをし、安否を確認されたそうです。

被災した6地区（相野釜、藤曽根、二野倉、長谷釜、蒲崎、新浜）が一つに集まる集団移転地「玉浦西地区」に暮らしていらっしゃる方々や玉浦の地を離れた方、一人暮らしの方を気遣い、岩沼支部で開催している『玉浦傾聴カフェ』に誘いました。独り暮らしの方もこもることのないよう声がけし、健康を気遣い、そして昔の玉浦の地で収穫された作物を食べさせたいとコロナの前は手作りのものをお持ちになっていらしたとお聞きしました。コロナ後再開されたカフェには庭に咲く花々を畑仕事等が終わった夜の10時頃から大きな籠に活け会場に飾ってくださっています。色とりどりの花々はみんなの心を潤し、季節を感じさせてくれてもいます。もう一人の会員の方も各テーブルに飾る花を玉浦の自宅からお持ちくださいます。花を愛でて話しは広がり会話が弾みます。震災前の玉浦の光景が目に浮かんでらっしゃるのかもしれません。参加者は玉浦の花を持ち帰り自宅でも余韻を楽しんでらっしゃるとのことでした。

今回、原稿をお願いし書いていただきましたが、先日の『玉浦傾聴カフェ』の後片付けの時に「無我夢中って言葉が初めて解った」と。お聴きしたときに意味が解らず尋ねると「十数年間夢中で過ごしてきた。すべて失って、みんなも失ったので私だけではないとがむしゃらに生きてきた。今、12年過ぎて、無我夢中とはこういうことだったのだと初めてその言葉をかみしめている」とおっしゃいました。

十三回忌を迎えた年、人々の心になんらかの区切りがつくのでしょうか。玉浦から内陸部に移り住み、岩沼市西部で開催している「たけくま傾聴カフェ」に参加なさっておられる方で、「震災後初めて口に出して話した」という方が2名ほどいらっしゃいました。また、ぽっと「あのときのことは空白なんだよね」「思い出したくない。思い出すと胸が苦しくなる」と、口に出すのもはばかる方もまだおられます。

傾聴活動を始めて1年の私。被災された方の話し相手になれたらと思い傾聴の会に入ったのですが、カフェでは歌ったり、体操をしたり、おしゃべりをしたりと楽しい時間を過ごします。今まで発行された冊子を読み進めると、避難所での会話を書かれた「普通のことがしたい。大声で笑ったり、歌をうたったり、なんでもないことがしたい」との言葉が目に入りました。そして、楽しんでいただく場でふっと自分の言葉で13年目にして話される。楽しい場としてしかとらえておらず違和感のあった私には、そのような場所があって初めて心の言葉を発することができる。その時間が必要だったのだと気付かされました。

活動を続けている岩沼は被災後、避難所を集落ごとに再編し、その後の仮設住宅、集団移転地は集落ごとに区画が分かれて造られているので昔ながらのつながりが保てます。

一方、福島県の『南相馬上町傾聴カフェ』は、原発事故の避難で何も持たずに遠くは会津、神奈川等に避難された方も。しかも5ヵ所を転々と避難させられたという方が多く、5階建ての何棟もの住宅は沿岸部やら原発避難等いろいろなところからの被災者の方々が住んでおられ、隣同士のつながりもあまりなく、自室にこもる方も多いとお聞きしました。

同じく高層住宅の亘理上浜街道住宅でもコロナが落ち着いてからは、どうにかして自室から外に出られるようお声がけをしてお誘いしてもなかなかお出にならないとのこと。

南相馬の自治会長も苦労されているようです。「来てくださるのを楽しみに待っています」とのお言葉。楽しい場を提供し少しでもお手伝いできたらと思います。口コミで楽しさが広がりお友達をお誘いし、一人でも自室のドアを開けて外に一歩を踏み出すことのできるよう、微力ながらわれわれも楽しみにしております。（岩沼支部・石川恵美子）

三．活動の中での気付きと傾聴の効用

■高齢者施設訪問

◎「答えに気付く」何度も経験

「60 歳を過ぎて自分のことばかり考えているのは、恥だと思え」という文章を読み感動を受けま

した。そんな時、新聞で傾聴ボランティア養成講座を見つけ、「これだ!」と思い受講することになりました。内容はとても面白くためになり、学生に戻った感じでした。3日間の講座が終わり、「修了証」をいただき、たくさんの仲間と「傾聴の会　名取支部」に入りました。右も左もわからず、傾聴に行く場所も詳しくなく、不安でいっぱいでした。

そんな時同期のSさんがみんなから聞き取りをして、「名取支部ハンドブック」作成となりました。良い思い出です。

傾聴は2回の見学期間がありました。1回目は施設で認知症を患っている方で、とても難しかったのを記憶しています。私はなんと声をかけたらいいのかもわからず、ただニコニコしてお聴きしました。終わってから先輩に「笑顔で良かったよ」と言ってもらえました。

2回目は震災経験をした方でした。被災された方は次々に当時の経験を話してくれ、先輩は一生懸命お聴きしていました。私は向かい側に座ったのですが、お話を聞きとれないことも多く焦っていました。暑かった日だったので「水分を摂ったらいかがですか?」と声をかけました。振り返りで水分を摂るように声をかけたのは良かったよ、と言われホッとしたのを覚えています。

あれから5年過ぎ今は、リーダーとして施設への傾聴に行っています。今でも同じことを何度も話す方に対して、傾聴ではなく答のようなことを言ってしまったりして、反省の連続です。

傾聴の会ではたびたび研修も行ってくれるので日々勉強です。自分の答えが的外れだったりで、落ち込んだりしますが、次に頑張ろうと思うことにしています。実は私も傾聴をしてもらい、答えが見

つかることを何度も経験しました。その時、これが傾聴の本質だと思ったのです。（名取支部・伊藤祐子）

■傾聴カフェでの活動

◎「傾聴カフェ」の今

震災から13年が過ぎましたが、当会の被災者支援「傾聴カフェ」活動は、自治会のご協力を得て今も継続しています。

新しい地域コミュニティーが構築され、住民の皆さんが安心して集う場を提供する役割を担っていると自負しています。

回想法に基づいた「傾聴音楽カフェ」、専門スタッフによる「箱庭療法」も実施しています。

コロナ禍で大勢での合唱することが難しい等の課題もありますが、新しい試みとして会員の協力で始めた「革ブローチ作成」等、内容の充実を図り皆さんと交流を深めています。

◎「傾聴モード」が身について

「こんにちは！」「いらっしゃいませ」

「いらっしゃいませ」「こんにちは！」

コンビニでよく聞く言葉です。ヘンな感じ…と思っていました。ところが、傾聴の会の集まりに来てくださる方に自分が言っているのです。

まずは挨拶。そして、「よく来てくださいました」と、嬉しさのあまり発してしまうこの言葉。的《まと》を射ている言葉だなと思います。

集会所での傾聴カフェには、おなじみの方が多く、ニコニコと入って来られ、この1ヵ月の出来事だったり、趣味、世間話などをお話する。私たち傾聴ボランティアは相づちを打ったり、感心したり、共感したり。和気あいあいといったところでしょうか。

傾聴茶話会では、今日はどんなお話がでるのかしらと常連さん。自分自身、夫婦間、親子間での生きづらさを話される方。うっぷんを晴らしていく方。私はうなずいたり、言葉をくり返したり。解決策を求める方もいます。意見を言いたくなるときもあります。ただ、うんうんとうなずいているだけでいいのかと思うときもあります。でも、私は「傾聴、傾聴」と自分に言い聞かせて、「傾聴モード」に徹し、いくらでも聞いていられます。

以前から、人のお話を聞くのが好きでした。傾聴の会の研修や傾聴活動から、だんだんに相手の立場に寄りそう「傾聴モード」が身に付いてきたように感じています。

傾聴カフェや茶話会に来てくださった方が話すことによって、少しは心が軽くなれば、笑顔がみたい、ただそれだけです。

傾聴の会に入会して、10年目です。私自身年齢とともに、話の受け取り方や言い方が変わってきたように感じています。

実は私は、ちょっとしたことで鎖骨を骨折して、ただ今活動休止中で、ずっと家にいます。家事は娘がしてくれるので助かっています。

2週間ほど前に町内会から七夕作りの案内があり、今年はお手伝いできないとシュンとしました。そうしたら、「作らなくてもいい、眺めているだけでいいから来ませんか」と、町内会の方から言われたのです。もちろん、行きました。

久しぶりにお会いした方々とおしゃべりしながら、ゆっくりですがぼんぼり作りの一部に参加し、お昼のお弁当もいただいて、ルンルンになって帰宅しました。心は晴天なり。あぁ…人は人によって助けられているんだなと胸が熱くなりました。

傾聴ボランティア養成講座終了後に、入会してくる会員の方々にはとても心強いです。コロナ禍で休止になっていた施設から活動再開や新しい依頼があり、活動場所が広がっています。入会したばかりの人も先輩会員も一緒にいろいろな所で活動できたらいいですね。おそろいのピンクのベストを着て。

私ももうひと踏ん張りしましょうか。

みなさま、どうぞよろしくお願いします。

「傾聴」っていいですね。（仙台中支部・岩渕秀子）

◎Nさんの力強い言葉に励まされ

コロナ禍で、閉鎖と再開を繰り返した後、あすと長町市営住宅の傾聴カフェは、以前と同じ月1回のペースで開けるようになりました。

傾聴カフェをスタートしたのが7年前。参加される方々とはすっかり顔馴染みになりました。

ある時、住民の方から、「もう、震災の話はしない。悲しい話はしたくない」と言われました。「そうですね。これからは楽しい話をしましょう」。でも、どうしても震災の話にいき着いてしまうのです。おそらく住民の方には、何度話しても話し足りない思いがあるのでしょう。

最近も震災の苦労話を聞きました。避難した学校でまず心配したのが、断水したトイレ。みんなで池の水をバケツリレーで運んで、トイレに流したそうです。「あの夜の星のきれいだったこと。忘れられないねえ」とも言われました。

ふるさとも話題にのぼります。「昔食べた、ホヤやアワビ、ほんとおいしかった」「スーパーで売ってるのと全然違う。なつかしいねえ」でも、そのふるさとに行ってみると、「震災を思い出して具合が悪くなりそう」「自分の家がどこにあったのかさえわからず悲しい」とのこと。「心の復興」は簡単ではないと改めて思います。

話すだけでなく、他のこともしたい、という要望を住民の方からいただきました。では、何をするか？　限られたスペース、予算で、みんなが楽しめるもの。折り紙や歌をやることにしました。

しかし、何か釈然としないのです。私は傾聴をしたくて、研修を受けて傾聴の会に入りました。折り紙や歌をやるためではありません。でも、一方でこうも思いました。傾聴の会のスローガンは、「あなたの心に寄りそう」です。もし、相手が歌や折り紙を希望するのなら、その希望に沿うことが、心に寄りそうことになるのではないか。

一緒に活動しているみんなも同じ疑問を感じていました。でも、住民の方の要望が変われば、それに合わせて私たちも変わらなきゃいけないんだね、と話し合いました。

ある時、住民のEさんが、折り紙の「独楽《こま》」の作り方をYouTubeを見て覚えたのでみんなに教えたいと言われ、早速先生になってもらいました。手際よく教え、「ホントにEさんて○歳?」と冷やかされるEさん、必死で「独楽」を折るみんな。普段折り紙に関心のない男性の住民の方も、一緒に独楽を回しました。

別の時には、住民の方のリクエストにお応えして、私たちのリーダーがYouTubeで1ヵ月間猛勉強し、みんなに「羽を広げた鶴」を教えました。難易度が高いにもかかわらず、色とりどりの作品ができあがりました。

先日、カフェの始まる前、住民のNさんに声をかけられました。この1カ月、いろいろな体の不調に悩まされたとのこと。ひとしきり話されると、気を取り直したように、「でも、百歳までは頑張ります」。力強い言葉に、私の方が励まされます。

はい。私も、ずっとここに通えるように、自分を鍛えます。（仙台北支部　中山かおり）

■美田園北集会所傾聴カフェ

◎歌や手芸活動　和気あいあい

2017年（平成29）5月より、美田園北集会所傾聴カフェが始まりました。仮設住宅からこの美田園地区に集団移転された方々が多く住んでおられます。

傾聴カフェは仮設住宅の茶話会活動を土台に実施しました。傾聴＋ちょっとした脳トレ体操、朗読、歌（替え歌、昔懐かしい唱歌）等で、頭も使い口を動かしが基本活動です。時には三味線演奏会、お茶のお点前、手作り昼食弁当等を楽しみ、最近では手芸活動（折り紙、革細工、ブーケ作り、ちぎり絵）も口も手も動かし、和気あいあいのカフェです。

初年度は82名の参加者、年を追うごとに増え3年目は200名ほどになりました。これから大いに活動の幅を広げてというところにコロナ感染症の発生、休会が続き、活動も大幅に縮小せざるを得なくなりました。コーヒーメーカーで温かなコーヒーの提供もペットボトル1本の配付に変わり、味気ないものでした。全員での歌も禁止と活動内容も変化せざるを得なくなりました。それでも2023年（令和5）5月からコロナ感染症も5類移行となり、徐々に温かなコーヒーや緑茶の提供ができるようになりました。歌も再開です。

このように6年間のカフェ活動を振り返って思

うのは、地域町内会の役員の方をはじめとして、住民の方々の理解ある協力のお陰と本当に有り難く感じております。「お茶会があるよ！」と声がけしていただいたり、誘い合って集まって下さり、感謝あるのみです。

今年で7年目に入りました。この年月、多くの方々から沢山のお話をお聴きしました。やはり東日本大震災で被災された体験談は胸に迫り、言葉もない思いでお聴きしてきました。その中で「すべてがなくなったの、みな流されたんだよ、何百万もする機械も、80歳も過ぎて、今から莫大な借金してまで農業はできないの、だからやめてしまったんだよ」と話すAさん。

「こんなきれいな町と家に住んで便利だし、今はすごく幸せだよ…。でもなんだか寂しいの、昔みたいに気軽にお茶飲みにも出かけられないの」と話すBさん。最近Cさんからは「あの震災、津波で何もかも流されてしまった。あれから12年経った今、あの体験があったから今があるのだと思う」とお聴きしました。「エッ?」と問い返した私たちの顔を見て「何事もなく暮らしていたら、この生活はこんなものだろう、感謝もなく普通に過ごしていていただろう。あの体験があり、いろいろな人たちと出会い学んだことが多々ある。自分にできることは何かと毎日のことの中から考えるようになった」とお聴きしました。

あの大災害から人は学び、変っていくことの強さをしみじみ感じたお話でした。人生の先輩方のお話は多岐に渡り、涙と汗の嫁姑の話、山学校の話では古き良き時代を懐かしみ、料理のコツに感心します。

傾聴活動は私の心の糧となって、体力、能力も落

ちてきた私ですが、もう少し続けようかと思ってしまうのです。（名取支部・橋爪千穂）

■傾聴力を高めるために

2023年（令和5）になって復興住宅でのお茶会の参加者が少なくなっていました。5月に新型コロナが5類に移行になり、制限が緩くなったので、参加者が戻って来るのではと期待しましたが、同じ状況です。3年の間に心身共にしんどくなってきたのか、それともほかに出かけられる場所ができたのか、後者であればいいのですが…。

そんなこともあり、今年の4月から塩釜ではショッピングセンター内にある「マリンプラザ」（30名収容）にて『おしゃべり傾聴サロン』を始めました。毎月1回、2名から5名の参加者があります。買い物のついでにちょっと寄って、日ごろの愚痴をこぼしたり、深刻な話をして少しすっきりしたり…と。おしゃべり大好きな方は毎回終了時間も名残惜しそうにして帰られます。どんな方がどんな話をされるのかその場にならないとわかりません。活動者はまだ会員になったばかりの方もいるので、先輩と組んで基本2名で対応しています。深刻な話に気持ちが付いて行かなかったり、予想していた人数より参加者が多く慌てたり。始めてからまだ4回、試行錯誤の段階です。振り返りでは活動者（7、8名）からいろんな意見が出ます。お互いの考えや思いを聴くことが、とてもいい時間になっています。そして次の傾聴に活かしていく…。傾聴力を身に付けていける有意義な機会になっています。

また「傾聴ボランティア塩釜」では、その傾聴力を磨く一つの手段として『被災地を訪ねて』を企画し、コロナ前の1回目は女川へ、昨年は石巻市の旧大川小学校、そして今年は山元町の旧中浜小学校を訪ねています。

語り部さんの話を聴きながら案内していただくと、その時の状況がよりリアルに感情と共に伝わってきます。

旧大川小学校では、鉄筋コンクリートの一抱えもあるような柱が大津波の激しい力でへし折られ、モダンな校舎は無残な姿になっていました。そして校舎を見下ろす山の斜面に作られたテラスがあるのに、なぜあそこに避難しなかったのか？　犠牲になった84名と、その遺族の無念さが伝わってきました。

旧中浜小学校では、避難した90名が全員助かっています。10メートルを超える津波が屋上付近まで迫っている中、屋上の倉庫に避難した90名。厳しい寒さをしのぎながら、身を寄せ合って過ごした夜。どれほど恐ろしかったか、不安だったか…。

語り部さんも声を詰まらせながら、子どもたちを守るために、校長先生や大人たちが取った行動などを伝えてくださいました。大切な命を守るために、何が大事だったか？　考えさせられました。

熱心な語り部さんの話に一生懸命耳を傾け、自分はどう感じたか？　もしその場にいたら自分はどうしたかなどを想像し、意識してそのことを考えることも傾聴力を高めることにつながっていくと感じています。

そうして自分が感じたことを他の人たちにも伝えていくこと。伝えることで自分自身も再認識することができます。今後も「傾聴力」がお互いに高まるよう切磋琢磨していきたいと思っています。

（仙台中支部・根来成子）

■戦災や震災　貴重な体験談

傾聴の会での、私の初めての活動は、震災後、集団移転した団地集会所での「傾聴カフェ」です。

移転前、被災された多くの方々が再建を待ち、仮設住宅に生活されていました。その仮設集会所で、当時、私は相談支援員として勤務していました。

初めて訪れる「傾聴カフェ」に、懐かしい方々に再会できる喜びに心躍らせ、集会所へと出向きました。そして、久しぶりの再会。旧交を温めるように手を取り合い、互いの健康を喜びました。皆さんの表情からは、生活基盤が形成された安堵、震災から数年の経過とともに得た平穏が感じ取れました。

活動の回を重ねるたび、震災当初、仮設住宅ではそこまで深く聞くことのなかった生々しい被災状況、家族の安否確認を一日千秋の思いで待った当時のことなど、静かに語り始める住民さん、その話をお聴きし、時の流れが当時を言葉にすることを許したのだと実感しました。

顧みて、同じ市内に住み、同じ揺れを体験し、同じ恐怖を味わったはずの自分ですが、あの津波被害を避けることのできた自分には、正直、その恐怖体験は想像だにできないのが現実です。想像を絶する恐怖を体験されたのが、今、まさに目の前にいらっしゃる皆さん。あの恐怖から今に向かって一歩一歩歩みを進めた皆さん、そして未来へと歩を進める皆さん、「傾聴カフェ」に伺う都度、私は、皆さんに対して常に尊敬の念を新たにしています。

また、「傾聴カフェ」では私が体験したことのない過去にタイムスリップしたような農村の原風景、当時の子どもたちの様子、学校の様子等々に出合うことがあります。そこにはかつて感動した「二十四の瞳」の世界が広がっていました。

そして悲惨な戦争体験、爆弾をくぐり抜けた事実、そして、その中で営まれていた生活、貴重な体験がこのカフェで語られています。

私は活動を始めてまだ数ヵ月ですが、家に居たのでは決して聞くことのない貴重な話をお聴きし、それによって心が動かされ、変化する自分の新たな気持ち。この活動によってしか得られない貴重な体験をまさに現在進行形で体験させていただいています。

今後は、更なる心の発見を求め、新たな場での活動を目指しているところです。（名取支部・鎌田宣子）

■「東日本大震災からもうすぐ2年」

あの日、私は角田市の小学校で事務の仕事をしていたので命は助かりました。海から少し離れた亘理の我が家は、津波で全壊しました。5日目に戻った時は、ブロック塀は倒れ、ガラス窓は壊れ、家具等で家の中は足の踏み場もありませんでした。一番びっくりしたのは、タンスの上にあの重いピアノが乗っている状態でした。津波の破壊力の大きさには驚くばかりでした。25年間住み続けた家が、2時間足らずで、重機によって壊された時は本当に悔しかったです。

近くに住む母は逃げたので無事でしたが、家を失い、近所の人々と離ればなれになり、一日中家の中で過ごすようになって、物忘れが多くなってしまいました。そんな時、傾聴ボランティアにお願いすることができればと思いましたが、一緒に暮らしている家族が望んでいないのではどうすることもできません。娘である私ができることは、傾聴ボランティア講座で学んだことを実践することだと思います。時間があった時、「ありのままの母を受け入れて、母のそばに寄りそい、母の話を否定しないで静かに聴くことかなあ」と思っています。

その後、娘の家や岩沼のみなし仮設住宅で3年過ごしました。当時60代の私は、復興住宅に入居するか元の場所で住宅を再建するか迷いました。一人暮らしなので、子どもたちには復興住宅でもよいのではないかと言われましたが、離れた土地を管理するのは大変だと思い、平成26年3月に亘理に小さな家を建てました。現在、狭い畑ですが季節の野菜を作っています。種をまき、花が咲き、収穫するのが楽しみです。庭も広いので駐車場の心配もなく、子どもたちも遊びに来ます。体も動かすので、あの時の決断は正しかったと思っています。

傾聴活動は、岩沼のアパートに入居した時に電話相談から始めました。顔の見えない相手と傾聴は大変でした。相手の話を否定せず、自分の意見を押し付けず、お話を聴くのは難しいです。

その後、老人施設に行っての傾聴でした。利用者の方々の今までの歴史(楽しかったこと、つらかったこと、苦労したこと)を聴かせていただきました。職員の人たちは忙しく利用者さんの話を聴く暇はないようなので少しは役に立っていたのかなあと思いました。コロナが流行してからは訪問していないので、その後利用者の人たちは元気でいるのかなあと思い出すことがあります。

また、傾聴カフェでは歌をうたったり、物作りや体操をして、傾聴活動をします。ここに集まる人たちは比較的健康な人が多く楽しい時間を過ごします。フレイルの予防には栄養や運動、社会参加が大事だといわれていますが、傾聴活動をすることによって、たくさんの仲間と知り合いになり自分の健康にもつながっているのだと思います。

6月に南相馬の傾聴カフェに参加した時のことです。原発で避難された人たちでしたが、元気で明るい人たちでした。みんなで大きな声で民謡を歌い楽しそうでした。

私はもうすぐ90歳になるという女性とお話ししました。浪江の自宅で被災し、追い打ちをかけるように原発事故があって、親戚や仮設住宅等5回引越し、ここの住宅に入居したといいます。一時帰宅を許された時、浪江の自宅は荒らされ、お米や味噌等を獣に食べられ、全部駄目になって悲しかったそうです。東電からの補償金が出るので生活するのには困らないが、浪江に帰りたい。でも浪江に帰っても知り合いも少なくなっているので帰れない。「でも東電も大変だと思うよ」とも話してくれました。姪がたまに「カラオケ」に連れて行ってくれるので、それが一番の楽しみだと嬉しそうに笑っていました。

震災から12年経って人との交流もだいぶ変化しました。また、コロナの流行もあり、大勢で集まることも少なくなりました。テレビの前で過ごす時間が増えたと言う人もいます。人生百年の時代、明るい未来が来ることを願いたいです。（岩沼支部・千葉敏子　２０１３年記念誌）

■今、思うこと　今、できること

震災から5年が過ぎた２０１６年（平成28）11月、あすと長町仮設住宅が解体されました。被災世帯２２３戸、４００人近い方が暮らしていた市内で一番大きな仮設住宅でした。集会所のお茶会にも足を運び、立ち並ぶプレハブ棟の窓越しや花や野菜の手入れをしていらした方々へ、仲間と声がけして歩いたことを今でも鮮明に覚えています。

集会所から離れた奥の棟にお住まいの方から、集会所まで遠くて大変だから行けないと言われ、その場で傾聴させていただいたこともありました。

私は今、終の棲家となった、あすと長町第二市営住宅で開催している「傾聴カフェ」に参加しています。平屋の仮設住宅が横並びに建っていた景観は、高層ビルのマンションに様変わり。エレベーターを降りると、高架を走る東北新幹線のごう音が響き渡り、目の前に林立する高層マンションの景色に圧倒されます。各戸の玄関扉や窓は閉められ、行き交う人と擦れ違うこともほとんどありません。新しいコミュニティーの形成には時間も必要だったでしょう。今は、自治会長さんはじめ住民の皆さんが、時を重ね構築してこられた新しい関係が、温かく機能していると感じます。

集会所で月1回開催している「傾聴カフェ」には、ご自慢の漬物等持参される常連の方もいらして、他愛のない世間話に笑顔が広がります。当時のことをお話いただく機会は少なくなりましたが、楽しみながら交流を図り、支え合うことで活力に満ちた絆の再生につながります。さまざまな思いを抱いた方々が、安心して集い、話せる場を、継続して提供している当会の役割は大きいと感じています。皆さんから元気をいただくことが多く、温かく優しい思いやりが溢れる、心地よい活動の場です。今回の「聴き書き」にも、快くご協力いただき大変ありがたく感謝しております。

最近は、参加される方が固定化している等、課題も見えてきましたが、自治会長さんのご協力を得て、各戸へお誘いの声がけがスタートできた矢先、新型コロナ感染に伴う長期間の活動休止を余儀なくされ戸惑うばかりでした。コロナ禍での新しい生活スタイル等、生活が一変しました。ようやく再開できましたが、皆さんの足が遠のいた感は否めません。まさに、人と語らう場も、時間にも新しいルールがあり、遠慮がちにおしゃべりするよう求められる等、想像できないことでした。今こそ、当会の理念、「あなたの心に寄りそう」姿勢が求められていると痛感します。お一人おひとりとの出会いを大切に、微力ですが仲間と共にその一助となるよう、地道に傾聴活動を続けていきたいと願っております。（仙台中支部・伊東みどり　2021年記念誌）

■傾聴茶話会

仙台市の中心部にある仙台市市民活動サポートセンター（青葉区一番町四丁目）での傾聴茶話会は、震災直後は、みなし仮設の被災者支援でしたが、今は街中という立地を活かし、会社員や一般の方が通いやすいよう月1回第2土曜日に開催しています。人との関わりに悩んでいる方、誰かに話を聞いて欲しい方等、気軽にいらして下さい。一対一で、じっくり対応させていただきます。

■増田公民館茶話会

◎BさんとCさん　来るたびに明るく

茶話会は当初「希望の家」で始まりました。その後1年ぐらい経った頃、この施設での利用が廃止となり（行政の事情があったのでしょう）、増田公民館に移動しました。比較的新しい茶話会の場所です。当初公民館は交通の便も良いので「希望の家」に比べ来訪者は多くなると思っていました。でも、甘かったです。「希望の家」から引き続き来てくれた方は男性1人でした。最初の頃から比べると、来訪者ゼロとか1人だけの月も珍しくありませんでした。でも会員スタッフたちは諦めず、開き続けました。

今では3人から5人は来訪してくれます。A氏は「希望の家」からの方ですが、毎日散歩は欠かさず、月1回の茶話会の時は、立ち寄ってくれるのです。80代の方ですが、既に退職されており、転勤族だったということでその転勤先の思い出話等聞かせていただきました。いつも笑顔のA氏でした。

Bさん（女性、70代）は名取市外の方ですが、初めて来訪された時は暗く沈んだ感じを受けました。ご主人との離婚やご自分の病気等をここにきて吐き出すことで、気持ちがだんだん軽くなり、今では毎月来訪されております。

Cさん（女性60代）も市外の方です。ご主人が単身赴任し、自分は月1回ぐらい、赴任先の九州まで、ひとり訪ねて行ったこと、母親を看病もできず、永遠の別れに悔いが残っていると言います。その後自分の身体に異変が起き、自由に動けなくなったそうです。病院通いが多くなり、それに反してご主人は時々ゴルフに出かけることもあるが、自宅にいるのが多く、お互い話題もなく過ごしているのだと。たくさん思いのたけをおしゃべりして帰っていきます。最初の頃はつえを利用していましたが、今はつえなしでも大丈夫のようです。

Bさん、Cさんとも来るたびに明るくなってきており、うれしく思います。

初めての来訪者の方たちは、チラシやホームページ、「河北新報」のお知らせ記事を見て、どのような会なのか興味を持ち来訪されますが、継続して茶話会に参加してくれる方は少ないのです。でも、このような話の場があったと思いだし、来訪され、気持ちや身体がいくらかでも癒されれば茶話会の意義があります。

ここでは愚痴《ぐち》を言い合ったり、楽しかったことなど屈託《くったく》なく話せる傾聴の場になり、帰るときは少しでも肩の荷が軽くなり、笑顔で帰って行ける茶話会であればと願っています。（名取支部・海川ヵツ子）

■復興・希望の花咲く「福幸（ふっこう）」を願って

私は2014年（平成26）から傾聴活動をさせていただき、一緒に活動している会員の方々や傾聴活動先での多くの出会いのおかげで、新しい自分にも出会えて、感謝の気持ちでいっぱいです。

森山代表は、私の故郷石巻での傾聴活動にもご尽力され、大変ありがたく思っています。

あの3月11日、私は一人暮らしの母を訪ねていて石巻にいました。実家は山の上にあり、奇跡的に津波の襲来を免れましたが、親戚はみんな、山の下に家があり、津波になすすべがありませんでした。翌日から、今まで見たこともないすさまじい光景の中を「避難しているみんなに絶対会える」という強い信念を胸に、足元を確かめながら、避難所を何ヵ所も回りました。

そして、親戚全員の無事を確認できた時には、安堵と同時に、これからの生活の不安が暗雲のように湧いてきました。また、母は「自分だけが被災していないのは、みんなに申し訳ない」とふさぎ込み、被災地にいながら被災していない者にもつらい思いがありました。

渋る母を説得し、仙台に来てもらいましたが、約2ヵ月後に都市ガスが復旧したとわかるやいなや、「自分だけ楽している訳にはいかない」とすぐに石巻に帰りました。

私は仙台と石巻を行き来する中、月日の経過とともに、仙台では普通の生活が戻ってきているのに、石巻のありさまはいつまでたっても荒野のまま…。どちらの生活も夢のようで、心の持ちようがわからなくなっている時期がありました。

あれから7年、生活が一変した親戚も、それぞれ新しい環境で生活を始めることができました。ただ、気掛かりなのは、復興住宅4階で一人暮らしの80歳の叔母が、新しい環境に馴染めずひきこもりがちになってきたことです。仙台でも同様の事案が起きています。

どうか、ひきこもらないで話をすることで、悩みや不安・寂しさなどを話して下さい。そして希望をつかみましょう。傾聴で寄りそい、被災された方々の希望の花咲く「福幸《ふっこう》」を切に願っています。（仙台南支部・富田由加理　2018年記念誌）

■まだまだ成長過程ですが…

傾聴って何？　仙台に転居した2年前、新聞を開くと茶話会案内記事がありました。

会の内容を理解するため、仙台市市民活動サポートセンター（略称・サポセン）のイベントに参加し、養成講座を勧められました。現在は2カ所の施設で傾聴させていただいております。活動してまだ2年も経っていませんが、毎回新しい驚きと納得があり「〇〇させていただく」ことを実感しております。

デイサービスを利用しているAさんの口癖は「わが人生に悔いはなし」。震災で家屋が流され、現在は息子さんと同居していますが、戦争時代に無線の仕事をしていたことを、誇らしげに当時の様子をお話してくださいます。

最近お会いしたBさんは、とても歌の好きな方です。歌集を見ながら、大きな声で堂々とお歌いになります。鉄道唱歌は長くても4番くらいかと思っていたら、16番まで続いていたり（66番まであるそうな…）。私が聞いたことがない戦時中の歌に不思議な顔をすると、Bさんに「知らなかったの？」と言われてしまいました。

時折、福島県南相馬市の復興住宅で一人暮らしをしている母に電話をかけると、最後には「原発さえなければ…」との言葉が返ってきます。私が傾聴の会で活動していることを伝えると「そうか、そうか」と少し満足気です。

利用者さんは歴史の生き証人、まだまだいろいろお話を伺わなければと思いながら活動しています。（仙台南支部・渡邉悦子　2018年記念誌）

■傾聴カフェ参加者から

◎心が軽くなり笑顔でいられる場所

震災から12年が経ち、目まぐるしく変化する状況が私の心の中に、たくさんの生きづらさをもたらしてきました。

現在もコロナ感染や猛暑などが続き、伸び伸び生活していくのが困難な気がしています。

そんな中でも一つだけ楽しみがあります。孫の成長です。コロナ感染の2、3年間は会えなかったのですが、今年から緩和されたので孫と会えるようになり、安らぎを感じるようになりました。私は月1回の「傾聴の会」を心待ちにしています。

誰でも心の中の悩みや、近況を真剣に聞いてもらえるので、心が軽くなって、笑顔でいられる場所になっており、集会所は皆さんと共に寄りそえる場所だと感じています。これからも皆さんと会話

をしながら、楽しい会であるようにと、前を向いて進んでいきたいと考えます。これからもよろしくお願いします。（匿名希望）

◎この10年間に思う

あの大震災では幸いにも早く避難し、家族は無事でした。自宅は危険区域となり、今は集団移転地の北園地区に住まいを移し生活をしています。それ以前は仮設住宅に住まわせていただき、狭いながらも快適に生活していました。

私自身、この名取の地元、下増田で生まれ、結婚してからもここで暮らしていました。そこから主人の転勤に伴い、子どもたちを自分の母校に通わせることもなく20年ほど経ちました。その後、実家に戻っても顔見知りの方たちが少なくなりました。

美田園地区に移転してきて、集会所もできたので、また皆さんとお会いし、話ができると思っていた矢先、私自身が思いもよらない病にかかり2週間ほど入院しました。退院してからも家の中に閉じこもっていて、1年ぐらいはどこにも出かけることはありませんでした。

やっと出られるようになりましたので、今は体の許す限り、どんなことにでも参加し、皆さんとお話できるようになりました。とても気が晴れ晴れとし、次回が待ち遠しいくらいです。（美田園北・洞口貴美江　２０２１年記念誌から抜粋）

■震災からのその後（２０２３年〜現在）

「おはようございます」と集会所に入ると、そこには傾聴の会の方々が温かく迎えて下さり、各テーブルにはきれいな季節の花が飾ってあり、心がほっこりします。

さて、あの忌まわしい大震災から12年も過ぎ、今は何事もなかったような生活をしております。私どもがお世話になった仮設住宅の跡地は更地となり、草が生え、何も建物はありませんが、その場所を通るたび、あの時はここで暮らしていたのだと思い出します。

私どもは、その場所からほど近い場所に集団移転でわが家を構え生活しております。今は震災前に暮らしていた場所とは比べものにはならないほど便利で、便利さでは都会と変わりません。散歩がてら行ける食品スーパー、ドラッグストア、ホームセンター等何でも揃っております。また仙台空港アクセス線の美田園駅も近く、子供たちが帰るときは駅まで見送りに行く必要もなく、自宅の玄関先でホームに向かい、お互いに手を振り合います。

集会所も近くにあり、さまざまな催しがあり、何にでも参加し、皆さんと交流を深め、充実した日々を過ごしておりました。

この2、3年はコロナに邪魔され、集会も一時お休みもありました。コロナも少し落ち着いたようで、また少しずつ活動が始まりました。

今私は主人と2人暮らしですが、元住んでいた所に畑があり、季節ごとの野菜を作り、子どもたちや兄弟、親類等に分けてあげて喜ばれています。

また、近くのスーパーの産直コーナーに野菜を出品販売していただき、わずかな収入ですが「今日は全部売れた」とか「今日はまだ残っている」など一喜一憂しております。知り合いの方からは「お宅の野菜は新鮮でおいしかったよ」と言われると嬉しくなりまた頑張ろうと思います。

これからは体の許す限り、楽しみながら生活していきたいと思っております。

傾聴の会の方々のアイデアあふれた集会には楽しんで参加したいと思っておりますので今後ともよろしくお願いいいたします。（美田園北・洞口貴美江）

◎感謝・ありがとうを胸に

震災当日、私は外出中に震災に遭いました。わが家は北釜地区にあり、避難場所は仙台空港の大きな建物しかありません。翌日、主人と娘は大変な思いをして命を守ったことを知りました。

津波で家は流されましたが、地元の方々に犠牲者がでていると知り、私たち家族全員無事と喜ぶこともできなく、また家を失ったことも悲しむことができませんでした。

犠牲者の方の中に何年も共にしてきた「御詠歌《ごえいか》」の方々も私にとっては先輩であり友人としても、いつも声をかけていただいており大変お世話になっていました。その日友人が見つかりましたが、ご家族が留守のため、私に確認してほしいと消防団員の方からお願いされました。遺体安置所となっていた空港ボウル跡地の建物へ行きました。

その光景は何とも言い表すことのできない状況で、足は震え、前に進むのが精いっぱいです。子ども用を含め、たくさんの棺《ひつぎ》が安置されていました。その棺に泣きながら寄りそっている方、身内の人を探している方、私はその姿を見るだけで涙が流れ、手を合わせながら友人の棺の所へ行きました。

消防団員の方がふたを開けて「確認をお願いします」と言いました。私はその瞬間、友人の変わり果てた姿、顔は腫れ上がり、ほとんどわからない状態です。身に着けていた洋服、その他の物を見せていただき、何となく面影が友達かもしれません、と伝えるしかありませんでした。

顔を見ながら、どんなにか津波が怖かったか、そして寒かっただろうと、涙が流れて、声も出ません。それでも必死に声を振り絞り、今までの感謝とありがとうを言い、手を合わせて別れました。

その後、ご家族から間違いなくご本人であると連絡があり、ほっとしました。このように震災では、家族、知人、親戚の方々が命を亡くし、家も失いました。（美田園北・高橋香代子　２０２１年記念誌）

◎震災後の私（２０２３年〜現在）
震災から12年、自然災害によって、それまでに当たり前の生活が大きく変わり、普段の何気ない日常がどれだけ幸せなことかを強く実感しました。

これからの人生は悔いのない一日一日を大事にと、健康には特に気を付け楽しい日々をと思い、集会所での催し等にできるだけ参加し、皆さんと交流を深め、お互いに顔を合わせて、笑顔で帰ることに感謝しています。

自宅も構え、主人と2人暮らし。小さいながらも庭を造り、大好きな四季折々の鉢植えの花に、癒された生活にも感謝です。

催事でも各テーブルに季節の花を飾っていただき、自然と笑顔になり、心が温まるひと時に感謝でいっぱいになります。今までに病気もせず、薬のお世話にもならず、日々暮らせるのも、主人はもちろん近くに住んでいる娘夫婦、孫たちとの交流がお互いに助け合い、元気をもらっての生活。特に主人とはできるだけ話し合い、笑いの絶えない生活をと、心がけています。

またお友達から声が掛かれば「はーい」の一声で都合の付く限り、お茶、食事等楽しく交流しています。健康の有難さを実感、これからも身体を労り、迷惑の掛からないように前向きにいきたいと思っております。傾聴の会の皆さんの心温まる気配りを感謝しております。（美田園北・高橋香代子）

◎大震災 13 年に思う

月一回の「傾聴の会」は、本当に私たちの何よりの楽しみです。温かな心で接していただき、心身共に癒していただきました。

大震災の際には全国の皆々様より多大なご支援とご協力をいただき感謝の気持ちでいっぱいです。改めて深くお礼申し上げます。

月日の流れは早や 13 年目に入りました。長いような、短いような複雑な気持ちと故郷の土地建物もすべて避難区域となり全戸移転となりました。私の心にまるで大きな穴が開いたような、そして立ち上がることができない気持ちでした。

それでも、皆さんの励ましと固い絆という支援により、心の大きな穴も少しずつ良くなり、元気と勇気をもらい、気持ちを未来に向けてくれました。本当に有り難く思いました。

私は生まれも育ちも北釜（名取市）で震災になるときまで、北釜から離れたことがありませんでした。１１０戸ほどの世帯がありましたが、53 名の犠牲者と行方不明者が1人出ました。私の身内も実家の母、実妹夫婦とその長男の4名が亡くなりました。私の息子は病弱な身体でしたが、震災後は心身ともに疲れ果て、入退院後、平成 28 年9月に亡くなりました。移転先の美田園の新居に入って5年目でした。

昭和から平成、令和と度重なる自然災害、コロナ感染症のまん延、そしてウクライナとロシアの戦争。私たち人間の考え方や気持ちが変わってしまったのでしょうか？　一日も早くこの戦争が終息し、世界中の人々が平穏な日々を暮らせるようになればと思います。

2023年（令和5）3月12日早朝、主人の体調が急変し、その後入退院を繰り返し、5月に81歳で亡くなりました。遺骨は下増田東光寺の納骨堂にお願いして、毎朝お参りに通いました。

本当に悲しみばかりが増してきて、私自身も心臓カテーテル、人工弁装着、尿管結石にもなり、度重なる病気で嫁は本当に大変だったと思い、頭が下がります。家族3人、孫と嫁は少しばかりのハウスで、今は野菜作りで、JAに出荷もしています。

この間も昔の仲間5、6名で温泉に行ってきました。これからは余生を楽しく過ごしたいと考えています。傾聴の会には2回欠席しましたが、体の続く限り、皆さんとお会いしたいと思います。今後もよろしくお願いします。（鈴木カツ子）

◎みんなとのつながりを大切に

3月11日は金曜日だったので、夫は仕事が休みで家にいてくれたので良かったです。地域の防火クラブで長く活動（当時は町全体の会長の役職）していたので、訓練も行っていて、非常時の持ち出し袋は用意してありました。夏服と冬服の点検や交換も定期的に行っていたので、準備は整っていました。だから夫に「これとこれ、車に積んで」と言い、すぐに動き出すことができたのです。途中、外にいた人達を見ては「逃げてー」「早く逃げてー」「津波来るよー」と叫ぶように声をかけていきました。

亘理小学校に行くと満杯だったので、車の中で

3日間過ごしました。余震はとっても怖かったです。その後、何とか名取市のアパートに落ち着くことができました。けれど亘理のことが心配でたまらず、自転車で2時間かけて見に行き、その後も毎日通いました。後で考えれば、名取の家の近くにも避難所はあったのに、そこに行くことなどまったく考えず、亘理のことばかりでした。

亘理の避難所に来てみると、みんな下を向いていました。ストーブを囲んで男の人たちもうつむいていました。なんとかしなくちゃと思い、新聞を配りながら一人一人に声をかけました。そして600人の人たちの食事の用意を始めたのです。初めはもめている人たちもいました。全く動こうとしない人もいました。私の動く姿に「どこから、そんな力が出てくるんだよ」と言われたけど、じっとなどしていられなかったのです。毎日朝から夜遅くまで夢中でした。だんだんと手伝ってくれる人も出てきて、そうするとそれぞれが元気になっていくのです。地域のリーダーを選んで、みんなで力を出し合い、元気に動いてきました。

仮設住宅に移り、災害公営住宅に落ち着くまでもいろいろなことがありました。今、ここでも出てこない人がいるので気に掛かります。今日は電気が付いているかなど見守る思いで、夜にパトロールもしています。みんなとのつながりを大切にしたいと思って、ボランティア活動を続けています。みんなに支えられてきたからやってこられたのです。それが私の最高の宝です。嫌だと思ったらできないです。楽しんで進んでやってきました。75歳ですが、これからもますます元気で、みんなとのつながりを大切にしていけるよう頑張ります。この地域での夢もあるし、まだまだ続けていこうと思

っています。(話し手・亘理町長瀞・渡辺紀美子　聞き手・岩沼支部・井砂ふみ子　2021年記念誌)

四．電話相談のエピソード

■ハッとさせられる一言

2020年からのコロナウィルス感染拡大により、対面での活動ができなくなったことから、私は現在、電話相談を行っている。相手の顔も見えず、言葉だけでの対応から難しさも感じるときがあるが、できる範囲で続けてみようと考えている。

先日、ハッとさせられたことがあった。電話相談はよく電話をかけてくる方が多い。当日も以前から対応している方からの電話を受けた。途中、少しの沈黙の時間があった。

聴き手の私から「お聴きしていますよ」の発言に対し、相手の方が「私が相談員さんの話を聴いていますよ」と切り返された。とてもハッとした瞬間だった。なんとなく怖さに似た感じを持った。最近、先輩の方から、「相手の視点になって話を聴く、これが共感につながる」ということを教わった。こちらにとっては、かけ手は話す人と考えてしまうが、相手視点になった時、これが逆転する。かけ手は、聴き手の話を聴いていることになる。結果として、頻回者の方たちは、仙台傾聴の会メンバーの傾聴活動を数年に渡って行っていることになる。これが正しい見解かどうかわからないが、電話相談の難しさ、また深さなのかと考えている。

肯定的感情と否定的感情が入り混じることがあるが、続けてみようと考えている。(仙台中支部・佐藤幸生)

■「傾聴」のエネルギーに支えられて

2008年（平成20）4月の仙台傾聴の会発足から時は流れ、はや16年。その間に発行した4冊の記念誌をまとめ、今後の「傾聴活動」の伝承となる記念誌作りの壮大なプロジェクトチームが動き出した。

16年の間に未曽有の大地震と大津波、世界中を震撼《しんかん》とさせた新型コロナパンデミックと、自然の壊滅的な災害や疫病に翻弄《ほんろう》されながらも、指標である「傾聴」の二文字を胸に、今日まで何とか活動を継続してきた。新しい記念誌の発行を前に、どんな状況下でも私を奮い立たせてくれた「傾聴」の持つエネルギーを見つめ直してみたいと思う。

人生で初めて私に「傾聴」の意味を体現し示してくれたMさんとの出会い。そして、その聴き方の実技と理論を教えてくれた仙台傾聴の会。この二つの出合いにより、私は「傾聴」という言葉と活動を知った。

「傾聴」との出合いがなければ、大震災・大津波とコロナ禍、この厳しい脅威の前に、私は自分を見失い、翻弄されていたに違いない。どんな過酷な状況でも、少しでも誰かのために…という心の余裕を持つことができ、どうにか心のバランスを保ち、活動を続けてこられたことに深く感謝している。傾聴の持つエネルギーに支えられてきたとも感じている。

新型コロナ感染症が深刻になったこの3年。対面での対応が難しくなり、当会は感染リスクの少ない電話相談に力を入れ、その充実を図ってきた。

電話相談員を養成、増員し、同時に回線も増設。月曜日から土曜日の10時から17時までの体制で電話に向かい、相談員一人一人が電話のかけ手の声に耳を傾け、心に寄りそう活動を続けている。

電話をかけてくる方も日ごとに増え、最近は「つながりにくくなった」とのうれしい苦情も寄せられ、少しずつ電話相談活動も認知されてきたと喜ばしく思っている。

電話相談の中で、傾聴の難しさを実感した出来事。最近のことである。

よく電話をかけてくる女性。ほぼ毎日、多い時には日に2回、3回とかけてきて、悩みを切々と訴えてくる。何か言わなければ…との思いが先走り、不遜にも私は次から次へと解決策を打ち出していく。相談者はそれを黙って聞いていたが、最後に絞り出すような声でポツンと一言…「聴いてほしかっただけなのに…」。

その瞬間、背中から冷や水を浴びせられたような感覚。思わず絶句。傾聴の基本を忘れ、自己満足に走った結果であった。

答えはかけ手の心の中にある。本人が答えに気付くまで、気持ちを受容し寄りそい、しっかり共感する。それが傾聴の基本。

「仙台傾聴の会」でしかできない、地域密着型の電話相談のありさまをこれからも深く胸に刻んで日々の対応に当たりたい、と改めて心新たにした。

人生後半のこの時期に出合えた『傾聴を極める』というライフワーク。

「傾聴」という二文字を大切に、「傾聴の基本とは…?」「寄りそうとは…?」「よき傾聴者とは…?」、数多くの問いの答えを探しながら、これからも「傾聴」と共に生きていけたら…と願っている。そのエネルギーに守られながら…。（前事務局長理事・村上瑞穂）

■「一期一会」の電話相談

着信の音に電話を取って「はい、仙台傾聴の会です」と応えて耳を澄ます。一期一会の電話相談が始まる。どんな方がかけてくるかと、いつも緊張する。

「一期一会」とは、茶道の言葉である。今この瞬間は一度しかない、たとえ何回も聞いている方であっても、一回きりの気持ちで聞くということである…らしい。なかなか極意まで至らないが、確かに今日の気持ちと明日の気持ちは違う。いつもはこういう話で終わるのにと思いながら対応していると、突然心の奥まで話されることがあって驚いてしまう。

当会の電話相談は東日本大震災後に設置された。対面での傾聴を補足する目的だった。火木土の週3回で9時から17時まで、数人の相談員で実施されていた。

2020年（令和2）、コロナ禍で対面の傾聴活動が著しく制限されたので、電話相談が新たに増設された。現在は、月曜日から土曜日の10時から17時まで電話相談をしている。休みは日曜日、お盆、年始年末のみ。

コロナ禍になって、インターネットで調べたと、電話で聞いてほしいという方が増えて、全国からかかってくるようになった。

年代は、10代から80代と幅広い。男女別では、コロナ禍当時は男性が増加して40〜50％であったが、コロナが第5類に移行してからは30〜40％と減少傾向にある。

2021年から毎年、電話相談のための養成講座が開催されるようになった。対面の傾聴との違いなどを学び、相談員になって活動する方が多くなった。ほぼ毎月、電話相談員研修が行われる。電話相談のスペシャリストの講師と共に、研修と実際に電話相談の感想などの荷降ろしをしている。以前からの電話相談員も新相談員が生き生きと話すのを聞いて、教えられることが多い。

電話相談を開始してからずっと電話してくる方や1日に複数回かけてこられる方も多い。思い出したように電話してくる方がいたり、もちろん初めての方もいたりする。当電話相談とつながりを持つことによって、心の安定を得て落ち着きを取り戻し、日常生活を送れるよう傾聴したい。

電話での傾聴、寄りそいの姿勢だけでは収まらない問題については、当会の面談や個人宅訪問、専門の関係機関を紹介している。

先日、精神疾患を抱えておられる男性から電話があった。遠方に引っ越された方で、電話も間遠《まどお》になっており、誇大妄想があった方だ。

「昔は話さないではいられなかった。毎日5時間以上は話していた。友人や当会や別の電話相談機関にも電話していた…今は一人で静かに暮らしている、電話しないでもよくなった…精神病が落ち着いた…」等々と話していた。話し方は変わらないし、話も長いが、以前は社会悪について話すことが多かったが薄らいでいた。なぜか忘れないで電話してくる。

電話相談を続けていて、これからも頑張ることができるようにご褒美をいただいたように感じた。

(仙台中支部・O・H)

■「一人じゃないと思った」と言われる

私が電話相談員を始めたのは、2015年(平成27)6月ですが、そのまま今に至っているのではありません。途中、自信をなくし、続けられなくなり、3年ぐらい離れていた期間がありました。それから3年後に再び声がけされました。ブランクもあり、私に務まるのかと不安がありましたが、自分の学び直しと考え、もう一度やってみようと思いました。

いざ始めてみたものの、席に座れば相変わらず緊張、終われば今日も寄りそいができていなかったと反省ばかりです。それでも、勇気づけられ、頑張ろうと思える時があります。

たとえば「寂しい、誰かとつながっていたいから」や「何もする気になれない、元気になれない」と電話があり、相談者は間を置きながら、ポツリ、ポツリと話始めます。私は相談者の思いを受け止め沈黙を待ち、話し始めたことへの言葉がけに努め聞かせていただきます。そのうち、少しずつ声も明るくなり「相談員さんのお陰で一人じゃないと思った」と言われたり、「元気になれた。行動するきっかけを作ってくれたのが相談員さん」とわざわざ電話をいただくこともあります。

私にはもったいない位の言葉ですが、「傾聴」の持つ力のおかげと素直に嬉しくなります。相談員をやって良かったと思え、とてもありがたいです。

電話相談を通してたくさんのことを教わり、相談者は悲しみ、痛み、つらい思いに耐えながら日々、過ごしているのだなあと感銘を受けています。

月1度、相談員の研修がありますが、楽しみに参加しています。毎回、鹿股先生と北條先生が参加してくださり、温かいご指導やアドバイスをいただきます。とても心強く、お忙しい中、足を運んでくださり、感謝の気持ちでいっぱいです。昨年より、新しく多くの相談員が仲間入りしました。

A、Bのグループに分かれ、事例検討や困ったこと、悩み等を活発に出し合って、とても勉強になりました。

また、ピアサポートにもなって次のエネルギー補給になっています。私たち相談員はすべてぬぐってあげられないことも理解して、100％そこに居て相手を大切に思い、自分のできる最大限のことをして心がけて行きたいと思います。そして「仙台傾聴の会」としての電話相談に向かって、仲間みんなで頑張っていきたいと思っています。

電話相談ではありませんが、私自身のことを書かせていただきたいと思います。

今年は東日本大震災から12年を迎えました。

私は90歳を過ぎた義理の両親と自宅に居て、津波に遭いました。津波に気付き、とっさに義父を2階に上がらせ、首まで水に浸かった義母を必死に引っ張り上げ2階に避難し、やっとの思いで助かりました。

その後、2人をそれぞれ見送り、今年、義父の十三回忌、義母の七回忌の法要を済ませ、感慨深い年になりました。

被災し、復興移転地に落ち着くまでには、たくさんの方々のご支援をいただきました。とても有難く、私のできることで少しでも恩返しをしたいと思っていました。

そんな時に「仙台傾聴の会」に出合い、平成26年に入会しました。講座を受けて、あれは、私への「傾聴」だったと気付いたことがあります。

それは避難所でのことですが、認知症の義父を抱えていた私は、派遣されてきた看護師さんとお話をする機会がありました。当時のいきさつを話し終わった私にその看護師さんは「それほどのことを、あなた一人でされたのですか、頑張りましたね」と言われました。まさに「傾聴」でした。このようなありがたい言葉をいただき、私の心は救われ、その後の避難生活の励みになりました。私には、忘れられない大切な一言になりました。

私が傾聴ボランティアを始めてから、もうすぐ10年になろうとしています。活動を通してのたくさんの出会いに感謝です。「恩返し」という思いで始めたボランティアですが、今でも私の方が学びや元気をいただいている状態です。

恩返しには遠く、まだまだ未熟ですが、丁寧に寄りそえる傾聴に近づき、恩返しになれるよう、謙虚さを忘れず、成長していきたいと思います。

「話して、聴いてもらって、気持ちが軽くなった」と思える人が、一人でも多く、一回でも多くありますように…と願って。（名取支部・大友千鶴子）

東日本大震災の避難所での傾聴活動の様子

第三章　傾聴の役割、今後の課題

一・傾聴が果たす役割

人は人によって傷つき、人によって癒されるといわれています。ストレスの代表は対人関係の中にあり、そのストレスを軽くしてくれるのも人なのです。このことから考えてみますと、今後、人はどのようななつながりを社会やコミュニティーの中で形成していくのかが大きな課題になってくると思われます。コロナの影響禍では、人と人との関係が遠ざけられています。これは、裏側からとらえれば、人と人の結びつきの意味を、新しい生活のあり方を通してどのように構築していけばよいかという課題を突きつけられていると考えられます。

コミュニティーの原点は、人(点)と人(点)が出会い、お互いの気持ちを結びあい(線)、その関係を広げていく(面)ことで形成されていくことです。さらに、それは英知と発展(立体)により変化を遂げていきます。これらすべての基となるのがコミュニケーションであり、人の話を聴くことです。相手の方に対して、心を傾け、真心をもって受容し、生き方に対し共感していくことです。

その意味で、「認定NPO法人仙台傾聴の会」の役割は、今後ますます重要になってくると思われます。根気よく相手の話を聴いていくことで、その人は生きるエネルギーをよみがえらせ、自分を生きていくことになるでしょう。

東日本大震災から13年、一見すると復興が進み、あの日のことは、もう過去のこととして葬り去られる危険性すらあります。しかし、私たちは震災がまだ終わっていないことを改めて肝に銘じておかなければならないのです。(東北福祉大学教授　渡部純夫)

二、「傾聴」とは

１９９８年（平成10）、国内の自死者数が３万２８６３人と、前年の２万４３９１人を８千人ほど上回り３万人台になりました。以後、２００３年（同15）の３万４４２７人をピークとして14年間３万人台が続きます。

その様な中、２００６年（同18）10月28日に自殺対策基本法が施行されました。ようやく、世の中が自死を止めるために動き出したのです。その動きに合わせるように、２００８年（同20）４月１日に「仙台傾聴の会」が発足しました。当初は独り暮らしの高齢者の個人宅訪問や施設訪問が中心の活動を行なっていました。そして、２０１１年（同23）の東日本大震災を契機に、傾聴活動は被災者支援の方向に向かっていきました。多くの人の悲しさや辛さ、不安や失望等に寄りそい、支える傾聴活動とは何でしょうか。設立から15年の節目を迎え、この機会に「傾聴」の基本について何かを改めて考えてみたいと思います。

仙台傾聴の会では、〝傾聴〟とは「相手の話をありのままに受け止めて聴くこと、相手の話を否定せず、自分の意見を押し付けたり、自分の価値観で判断したりせずに、相手の方を尊重し、言葉の奥にある悩みや不安、寂しさなど、相手の方の心に寄りそい、お話をお聴きします。」としています。今回、「傾聴」という言葉の持つ意味や歴史を基にして、いくつかの観点ごとに見ていきたいと思います。

■傾聴の歴史

傾聴は、１９４２年に、米国の心理学者カール・ロジャース(Carl Rogers)が「カウンセリングとサイコセラピー治療実践における新しい諸概念」という著作の中でカウンセリングの方法として非指示と言葉の繰り返しを発表したことに由来します。それまでのカウンセリングはカウンセラーが患者の話を聞いて、それを理解、分析して対処方法を指示する形が一般的でした。それに対して、ロジャーズのクライエントの話をじっくり聴く(Active Listening)ことが大事であり、カウンセラーは特に指示的なことはする必要がないと言う理論は当時衝撃的でした。1951年には「クライエント中心療法(Client-Centered Therapy)」が発表されました。ロジャーズが自ら行ったカウンセリングの多くの事例を分析し、カウンセリングが有効であった事例に共通していたこと、聴く側の3要素として「無条件の肯定的関心」、「共感的理解」、「自己一致」をあげ、これらの人間尊重の態度に基づくカウンセリングを提唱しました。

つまり傾聴とは、カウンセリングにおいて、カウンセラーとクライエントとの関わり方の方法や姿勢として広く流布してきたのです。

■ロジャーズの3原則

①無条件の肯定的関心(unconditional positive regard)

〈受容〉

この原則について、ロジャーズの論文によれば、「クライエントの〝良い〟、ポジティヴな、成熟した、自信のある、社会的な感情表現を受容するのと全く同じくらいに、彼の〝悪い〟、苦しい、恐怖の、防衛的な、異常な感情を受容することであり、クライエントの一致しているやり方を受容するのと全く同じくらいに、彼の一致していないやり方をもつて受容することである。（中略）それは、クライエントを分離した人間として心を配ることであり、彼に自分自身の感情を持ち、自分自身の体験をもつように許すことである。」と述べています。つまり、聴き手が話し手を無条件に「あぁ…こんな気持ちがおありなんですね…」とただそのまま受け止めていくことです。しかし、「そうですよね」という「同意」や「賛成」、「いいですよー」という「褒め言葉」、「あなたは今のままで十分すばらしいですよ」といった「肯定のメッセージ」などはどれも「受容」とは異なります。「受容」ではそうした価値判断をせずに、ただそのまま「こういう気持ちがあるんですね」と受け止めていくのです。

相手の話を善悪の評価、好き嫌いの評価を入れずに聴く。相手の話を否定せず、なぜそのように考えるようになったのか、その背景に肯定的な関心を持って聴く。そのことによって、話し手は安心して話ができる。無条件の肯定的関心とは、話し手が話す言葉に対して無条件に肯定的な関心を示しながら聴くことなのです。

②共感的理解（empathy, empathic understanding）

ロジャーズは1957年の論文で、共感の状態を「あたかもその人のように、でも〝あたかも(as if)〟の感覚を決して失わずに、正確に、そして感情的な構成要素と意味を持って他者の内的照合枠を正確に経験することです。」と述べています。話し手の私的な世界を、その微妙なニュアンスに至るまで、あたかもその人自身になったかのような姿勢で、その人と同じ価値観やものの見方、考え方、感じ方をしているようなつもりで感じ取り、そのことを丁寧に「伝え返し」していくことです。「あなたが今、感じていることは、○○ということでしょうか」と、正確かつ丁寧に、伝え返し、確かめていくことなのです。つまり、共感的理解とは、どんな状況でも相手の立場になって共感しながら話を聴く態度や姿勢のことです。「話し手」と「聴き手」が異なる人間であることを前提とし、言葉の裏にある心情の理解に徹します。話し手が表現した気持ちの「どの部分も」きちんと大切にし、応答していくことです。

話を聴く際には相手の立場に立って、相手の言葉に込められた気持ち(感情)を受け入れる必要があります。あくまでも相手の感じている感情に寄りそって、話を聴く姿勢や態度、やり取り(プロセス)が重要なのです。

③自己一致(congruence)〈純粋さ〉

ロジャーズの論文によれば、「セラピストが、この関係の範囲内では、一致した(congruent)、純粋な(genuine)、統合された(integrated)人間でなければならない、ということである。それらは、この関係の中で彼が、自由に深く自分自身であり、彼の現実が自分自身についての彼の気付きによって正確に表現されるという意味である。それは、意識的にせよ無意識的にせよ、表面的なものだけを表現することの反対なのである。」と述べています。「自己一致」とは、聴き手である自分自身と話し手に対して、真摯な態度で言葉の真意を把握しようとすることです。真摯に話を把握するために、相手の話に不明点があったときはそのままにせず「分かりにくい」ことや自分自身の受け止めについて伝え返しを行ない、確認をします。つまり、話し手自身の心の内側に立って、心のひだを丁寧に聴くと同時に、聴き手自身の心の深いところで発せられてくる様々な声や心の動きに丁寧に意識を向けて耳を澄ませて行く、この二つの作業を同時進行で行なっていくことなのです。そして、話し手の内的世界と聴き手自身の内的世界に起きる心の動きを注意深く、丁寧に感じ取って行く作業と言えます。

ロジャーズは1961年に来日した際に、公演後の公開質問で「三つの原則のうちどれがもっとも重要なものですか?」との質問に、「一番大切なもの、それは、自己一致」だと、即答しています。クライエントが自分の問題や内面に向き合って行くためには、カウンセラー自身が自分の内側に丁寧に、深く触れていかなければ、クライエントは安心して自分の内側に深く入って行くことは出来ないということなのだと思います。

■傾聴の効果

①信頼関係が構築される

「この人なら話ができる。否定せずに受け止めてくれる。」といった安心感や信頼関係(ラポール)を抱いてくれるようになります。そうすると、内面に関する事柄についても、徐々に話せるような人間関係が構築されるのです。

②内面の理解が進む

頭の中だけで、ぐるぐると思考を巡らせていただけの漠然とした気持ちが、聴き手に対して言語化することで、整理され、客観視されます。そうすると、新たな見方(適応的な認知)を獲得する足掛かりになり、自分を変えて行くことに踏み出せるようになるのです。

③カタルシス効果

思い切って吐露した気持ちを、尊重され、否定されること無く傾聴されると、心のもやもやが晴れ、気分が楽になります。これをカタルシス効果と言い、思い切って内面を吐露し、すっきりしただけで、悩みが晴れたということもあります。

④承認欲求が満たされる

承認欲求とは、自分のことを分かってほしい、認めてほしいという誰もが持っている欲求です。傾聴して話を聞いてもらえると、「わかってもらえた」という感覚だけでなく、認めてもらえた、自分を尊重してくれたという感覚も生まれます。承認欲求が満たされると、結果として自己肯定感も高まり、自分だけでなく他人も認められるようになり、人間関係が楽になります。

■傾聴で何を聴くのか

①気持ちを聴く

傾聴で聴くのは話し手の「気持ち（感情）」です。気持ちとは何か。分かったようで分からないものです。そこで、気持ちではない「事柄」について理解すると分かりやすくなります。事柄は、「いつ、どこで、誰が、何を、なぜ、だれに、どうやって」などを表す状況や事情のことです。これらは、全て頭の中で視覚化（イメージ）することが可能です。事柄に耳を傾けて聞くのは、状況を再現するのに必要な情報集めをしているようなものです。

例えば、既婚の女性が「昨日お母さんが家に来たんだけど」と話しました。それを聞いた聴き手が「それはあなたのお母さん、それとも、ご主人のお母さん？」と質問をし、状況を再現しようとします。しかし、話し手はここで実母か義母を知ってもらったところで、嬉しくなるでしょうか。事柄が分かるとは、事情を知っただけのことであり、決して「気持ち」が分かるのとは違うことなのです。つまり、事柄とは頭の中でイメージ化できるものなのです。

一方、「気持ち」はどうでしょうか。例えば、「友達が笑顔で喜んでいる」を考えてみます。友達が笑顔でにこにこしていたり、万歳したりして喜んでいる姿をイメージすることができます。ところが、「喜んでいる」だけをイメージしようとしても難しいかも知れません。友達が喜んでいる様子を見ながら、聴き手が「友達が喜んでいるなぁ」と聴き手自身が「感じる」ことが出来たとき、話し手の喜びという「気持ち」を聴き手が「分かった」と言うことになるのです。聴き手が、話し手が喜んでいるなぁと感じるとき、喜んでいると「分かる」のです。もし、聴き手が、話し手が喜んでいるのを「感じられなければ」、聴き手はその喜びを「分かった」事にはならないのです。

気持ちが分かるとは、話し手がそのような状況の中であればそのように感じるだろうなと聴き手自身が感じることによって「分かる」と言うことになるのです。言葉で説明すると分かりにくいかもしれませんが、体験を通して理解していってほしいと思います。傾聴は、「事柄」ではなく、「気持ち」を分かろうとする姿勢のことなのです。逆な言い方をすれば、「事柄」が分からなくても、「気持ち」

は分かる（傾聴はできる）のです。

②「同感」と「共感」

話し手の言ったことに対して賛成や反対の思いを持つことを「同感」と、ここでは表現したいと思います。似たような経験があると言った感情も「同感」です。聴き手の過去の経験や知識から分析して、話し手が直面している状況や原因が分かった様な気がするのが「同感」です。例えば、話し手が「〇〇ジュースが美味しい」と言ったとき、聴き手が「その〇〇ジュース美味しいよね」と言ったら「同感」です。「私は〇〇ジュースより△△ジュースが好きです」と言ったら、部分的「同感」です。

それに対して、「共感」とは聴き手がそのことについてどのように思うかではなく、「話し手がどう思うか」を分かることが「共感」です。話し手の立場に立ち、話し手が感じていることを理解し、聴き手自身が感じることが大切なのです。聴き手がどう思うかではなく、「話し手がどう思うかを分かる」ことが「共感」なのです。例えば、「〇〇ジュースが美味しい」と言ったとしたら、「あなたにとって、その〇〇ジュースは美味しいんだね」と話し手が感じていることを聴き手自身が体験として感じ、理解することが「共感」なのです。

同感は「私は」が主体で、共感は「あなたは」が主体です。ただ、注意しなければならないのは、「あなたはそう感じているんですね」という言葉そのものは、「共感」ではありません。話し手がそう感じた・そう行動せざるを得なかったと、聴き手が感じて分かることです。聴き手が本当に話し手がそうしようとした心情を感じて分かっていないのなら、冷たい傾聴ロボットになってしまいます。

つまり、言葉ではなく、聴き手の感じた感情だけが話し手に伝わるのです。たとえ「同感」することが出来なくても、「共感」することは可能です。「同感」と「共感」をしっかり分けて、他人の事など分からないのが当たり前だからこそ、少しでも相手の感じていることに近づけることを願って「共感」できるところまで聴こうとする態度や姿勢が何よりも大切なのです。

③寄りそうとは

震災後、「被災者に寄りそう」というワードがあちらこちらで言われ、マスコミでも使用されました。しかし、この「寄りそう」ことの意味や意義を本当に理解していたのでしょうか。

傾聴で考える「寄りそう」とは、「二人でいるけど、一人になれる状態」「一人でいるけど、ひとりぼっちではない状態」と表現することが出来ます。「話し手と聴き手の二人が居るのだけれど、話し手がいつでも自由に自分自身の世界に没入できる関係性や状態」また、「一人で居るのだけれど、心の中に聴き手（相手）の存在を感じ続けることができ、孤独ではない関係や状態」にあることが大切です。聴き手の話し手に対する感覚が常に正しいのか分かろうと努力し続ける姿勢や態度（プロセス）が「寄りそう」ということだと、傾聴では考えます。

例えば、人間関係で苦しみ、悩んでいるとき、傾聴してくれる人が居ることにより自分自身の考えや感じ方を整理出来たり、自分自身の中に深く入り込むことが出来たりする様な関係性や状態。また、肉親やペットなどの喪失体験をなさった方に寄りそうとき、何か言葉をかけることではなく、一緒に悲しみを感じ合えることが寄りそいになります。一人だけれど、心の中に聴き手（相手）がいる。そのことによって、孤独ではないと感じることができる関係性や状態が寄りそうということだと言えます。

■傾聴の目的

傾聴の目的は、話し手の問題を解決したり、喜ばせたり、元気を出してもらうことが目的ではありません。傾聴の目的は聴き手が「良き理解者になる」ことです。聴き手にできることは「良き理解者になるための行動」を取ることだけです。具体的には「あなたはそう感じているんだね」と話し手が感じていることを聴き手も感じて理解することです。その結果として話し手が喜んだり、気付いたり、回復したり、心が晴れたりするのです。

■誰のための傾聴か

最後に、誰のために傾聴するのかを考えてみます。それは、話し手のためと思いがちです。内閣府が行っている「市民の社会貢献に関する実態調査」（2019年）によれば、ボランティア活動をしている人の活動動機は、「社会（人）の役に立ちたいから」が最も多く54・5％、「自己啓発や自らの成長につながると考えるため」が32％でした。

傾聴における「受容」や「共感」といった過程をよく見ていくと、話し手が見ている世界や感じている感情を理解し、聴き手が感じる作業であることが分かります。自分が相手をどのように理解しているのか、自分の感情に気付くことがとても重要なのです。つまり、自分自身の感情に気付き、それを受け入れていくことが大切なのです。自分自身を受容していくことは自己一致とも言えます。

それは、他者と出会い、今まで知らなかった自分自身を受け入れることでもあります。つまり、自分自身を理解し、受け入れる（自己受容）することが、話し手の理解に繋がり、受容になるのです。新たな自分自身を発見し、受け入れていくことは、自分自身の人間としての成長に繋がります。つまり、話し手が新たな自分自身を発見し、成長していくのと同時に聴き手も成長していくのです。その意味で、傾聴は話し手のためであると同時に聴き手自身のためでもあると言えるのではないでしょうか。

■おわりに

ロジャーズは晩年、エンカウンター※1などを通して人間同士の関わりや関係性について研究していました。「内なる直感的な自己の近くにいること」や「クライエントとの関係性の中でセラピスト自身が変性意識状態※2にあること」を、「受容」「共感」「純粋さ（一致）」に劣らない、最善のセラピーの重要な特質と考えていました。ロジャーズは論文において、「直感は、セラピストがクライエントの内的世界に注意を集中し没入していき、それ以外のすべてのことが意識から消え去るセラピーの特別な瞬間に働く。そして、その時それは、強い癒しの力を発揮するのである。」と述べています。また、「この世における全ての〈いのち〉在るものは、本来、自らに与えられた〈いのちの働き〉を発揮して、より良く、より強く生きるように定められている。いのちの働きは宇宙における万物に与えられている」とも述べています。スピリチュアルな考え方で理解が難しいかも知れません。

話し手の話を聴き、受け止め、応えているのは聴き手ではなく、この聴き手を通して、大自然の〈いのちの働き〉そのものが、話し手を聴き、受け止め、応えているのかも知れません。話し手と聴き手が融合し、一体となって、〈いのちの働き〉そのものになったときに「傾聴」が成立するのかも知れません。その意味で、「傾聴」とは、現在《いま》を生きる人々を大切に理解し、共に生き、支えていこうとする姿勢や態度（プロセス）なのだと私は考えています。

あなたも傾聴という生き方をしてみませんか？

（理事・北條久也）

※**1**　エンカウンターは出会うことです。「エンカウンター・グループ」とは、自分や他者との出会いを通して、人間的な成長やコミュニケーションの向上を目指すグループ療法が行なわれる集団のことを言います。

※**2**　変性意識状態とは無意識と意識の間のことで、意識はあるけれどより無意識に近い状態、もしくは無意識からの情報を普段より受け取りやすい状態を指します。

＊参考文献

・『「ねえ、私の話聞いてる？」と言われない「聴く力」の教化書』（２０１４年）岩松正史著：自由国民社
・『その聴き方では、部下は動きません』（２０１９年）　岩松正史著：朝日新聞出版
・『カール・ロジャーズ入門―自分が〝自分〟になること』（１９９７年）諸富祥彦著：コスモス・ライブラリー
・『ロジャーズの中核三条件〈一致〉〈受容〉〈共感的理解〉』（２０１５年）　野島一彦監修三國牧子・本山智敬・坂中正義編著：創元社
・『ほんものの傾聴を学ぶ―はじめてのカウンセリング入門（下）』（２０１０年）、諸富祥彦著：誠信書房
・『カウンセリングとは何か―はじめてのカウンセリング入門（上）』（２０１０年）、諸富祥彦著：誠信書房
・『一生使える！プロカウンセラーの傾聴の基本』（２０２０年）古宮昇著：総合法令出版
・『自己成長の心理学―人間性／トランスパーソナル心理学入門』（２００９年）諸富祥彦著：星雲社
・『トランスパーソナル心理学入門―人生のメッセージを聴く』（１９９９年）諸富祥彦著：講談社現代新書

三．傾聴活動の今後と課題

■13年の経験をこれからの地域精神保健福祉に引き継ぐ

あの日、その週最後の業務を終えるべく、仙台市内を車で移動していた。ＦＭラジオが突然告げた緊急地震速報に驚いて停車すると、一瞬の静寂ののち、猛烈な揺れに車体が弾んだ。30年以内に非常に高い確率で発生すると言われてきた大地震がとうとう発生したのだと直感した。その後ライフラインは寸断され、限られた情報の中で数日を過ごした。電気が復旧した朝、テレビが映し出したのは、見慣れた仙台市内沿岸域の変わり果てた姿、そして避難所内を「お母さーん」と泣き叫びながらさまよう少女の姿だった。今でもその映像を鮮明に思い起こすことができる。

精神科医療機関に勤務していた私は、県外から次々に訪れる支援者の心のケアチームへの派遣や、支援物資の振り分け等に追われた。被災者への直接的な対応よりむしろ、外部支援者からの問い合わせや、活動場所の確保と調整に追われることの方が多かった。日々ひたすらやるべきことをこなしたが、達成感など得られるはずもなく、常に不全感が付きまとった。時にスタンドプレーだ、本来の手順を踏んでいないなどの批判を受けたりもした。しかし、未曽有の災害を前に本来の手続きなど踏める状況ではなく、疲れきっていてまともに取り合う気にすらなれなかった。

「阪神淡路大震災の時、避難所に相談窓口を設置しても誰も来たりはしませんでした。それよりもまず自宅の片づけ、必要品の確保などの方が被災された方にとっては大事だったからです。生活再建に必要なことを手伝う中で少しずつ関係性を築き、相談につなげていくことが大切です。」発災から間もなく駆けつけてくれた県外支援者の助言である。とかく支援者は被災地に足を踏み入れると高揚して冷静な判断を見失ったり、自分のスタイルにこだわったりしてしまうことがある。ある避難所では一日に何度も回って来る心のケアチームに対し「心のケアお断り」などという張り紙がされていたとも聞いた。どのような非常事態であっても、あくまで被災された方々を生活者としてとらえ、ニーズに寄りそう姿勢を忘れてはならない。今回の災害で得た教訓であり、今日まで変わらぬ信念として私の中にあり続けている。そしてそれは平時においても何ら変わるものではないと感じている。

阪神淡路大震災の教訓がこの災害で活かされたように、私たちの経験も今後起こり得る新たな災害に役立てていかなければならない。とりわけ東日本大震災で注目を集めたのはアウトリーチによる支援活動であった。今後の地域精神保健福祉活動の中においても、特にひきこもり状態にある方に対する支援において必要な手段であると感じている。13年に及ぶ被災地支援で培ってきたノウハウを新たな地域精神保健福祉にどのように引き継いでいくかが私たちに課せられた大きな課題である。（みやぎ心のケアセンター／原クリニック・渡部裕一 2021年記念誌）

■生きているだけでいい

震災から13年経ちました。当時私は、石巻のこだまホスピタルという病院で働いていたので、さまざまな体験をしました。近くの体育館に運ばれてくるたくさんのご遺体、ガソリンがなくなり何泊も病院で床に雑魚寝しながら続けた診療、支援物資が救急病院に集中し、配給がままならず、かつおふりかけとマヨネーズをかけて食べた白米など今でも鮮明に思い出します。

その当時の診療の中で、自分が担当していた患者さんも大勢亡くなり、患者さんの家族も大勢亡くなりました。大切な人を失うということがどういうことかをたくさん学ばせていただきました。

私たちは、どうしても大切な人が亡くなると、さまざまな思いにとらわれてしまいます。

あったものが急になくなり、心の中に大きな穴がぽっかりと開いてしまったような喪失感。

自分がうまく対処できていたら、大切な人は死ななかったのではないかという罪悪感。

そして、自分だけをおいてなんで向こうの世界に行ってしまったのだろうという怒り。

これから大切な人の支えのない自分がどうやって生きることができるのだろうという不安感。

自分のすべてが終わってしまったような絶望感。

さまざまな感情が襲ってくるたびに、何かを責めたくなったり、自分を責めてしまったりして、頭の中が混乱してこれからどう生きていいかわからない状態になると思います。そのような状態になるのは当たり前のことで責めるつもりは全くありません。でも、どう生きていいかわからないので、なにか生きる目標が必要な方がいたらちょっと話をさせてください。

残された者が生きる上で、大切なことは、亡くなった方がしてほしいことをしてあげて、してほしくないことをなるべくしないということかなあと思います。

例えば、しょっぱいものが好きだった人なら、あんこ餅やあんみつは避け、うまい棒やポテチ、たこ焼きをお供えしてあげる。本当にただそれだけ。そんな感じで、仏壇の前で、泣いていないで、笑って今日の一日を話す。

罪悪感を覚えすぎて生きているのに死んだような状態で時を止めるのではなく、大切な人が亡くなったことで学んだことを生かして、今世を生ききる。自分がしたいことも大切ですが、亡くなった人がしてほしいことを、覚悟をもってやってみましょう。

もし何もする気力が起こらなかったら、生きているだけでも十分です。

自分の意志に反して寿命の来る前に亡くなった方にとって、一番してほしくないことは、亡くなってしまうこと、一番してほしいことはきっと、寿命の限り生き続けることだと思います。

命とは、天から与えられた期限付きの時間です。必ず終わりがあります。生きづらいときは、それはさけられない義務のように思えて、苦しくなり、そこから解放されることが自分の望みと錯覚してしまいますが、それは天からのギフトです。ギフトなら与えられる限り、受け取りましょう。

罪悪感や怒りの感情に振り回されず、ただ生きてみましょう。（泉こころのクリニック院長・高橋玄　2021年記念誌）

■2025年問題に向けての当会の役割とは

最近、健康診断のため近くの総合病院にいったところ、受付に「人生会議」のパンフレットが置いてありました。

人生の終末期、自分の意思を伝えられない場合など、どのような医療やケアを望むかを前もって家族、医師等と相談し、記入しておくためのノートです。

映画では「プラン75」（倍賞千恵子主演）を見ました。75歳になると、国によって安楽死が認められ、その葛藤を描いた内容でした。

2025年、いわゆる「団塊の世代」800万人全員が75歳以上、つまり後期高齢者となります。2025年問題とは、超高齢社会が訪れることで生ずるさまざまな影響のことを言います。

「団塊の世代」は、第1次ベビーブームの時期に生まれ、さまざまな分野で日本の成長を支えてきました。この世代が75歳以上を迎えることで、総人口1億2257万人のうち、後期高齢者の人口が2180万人に達します。

その中でも認知症高齢者数は320万人、今後、急速な増加が見込まれるとのことです。高齢者世帯数は1840万世帯、約7割が一人暮らしか高齢夫婦です。（内680万世帯、37パーセントが一人暮らし。令和4年『高齢者白書』）

先日、傾聴の会岩沼支部の傾聴カフェに参加しました。参加者は40名でした。

明日があるさ「いつもの駅でいつも会う　セーラー服のお下げ髪　もう来るころ　もう来るころ　今日も待ちぼうけ」を合唱し、初恋の思い出に咲かせたとき、下駄箱の靴にラブレターが入っていたときの心境を、いまが青春時代の真っ只中にいるように、ちょっと恥じらいながらうれしそうに話をする参加者の姿が印象的でした。

最近の読売新聞（2023年7月16日付）に「幸せはいまの自分の棚卸しから」という記事が掲載さ

れていました。英国の心理学者の研究によると、1週間、毎日寝る前に、その日うまくいったことを3つ、理由とともに書き出すと、その後半年間に渡って幸福度が向上し、抑うつ感が抑えられたといいます。

話は飛躍しますが、これまでの経験から、楽しかったり、ワクワクしたときの記憶がよみがえり、笑顔が生まれるのを何度も見てきました。

当会の活動は、これからも傾聴活動を通して、その人が、楽しかった、面白かった、ワクワクした記憶を引き出す手伝いが求められていると感じました。（仙台南支部長・児玉淑克）

■本当の復興とは

東日本大震災から10年が経過した頃から被災自治体から復興という言葉が盛んに言われるようになりました。確かに被災地である土地のかさ上げや復興住宅の完成により住み慣れた土地に帰ることができた人や新たに土地を求めて移住した方々もいます。

私の実家があった名取市も、2020年3月30日に名取市復興達成宣言を宣言しました。東日本大震災から9年間、名取市が取り組まれた住まいの再建、被災事業者の再建、そして、インフラ整備や公共施設の災害復旧など、街としての再生が整ってきたと判断したことと、それと同時に被災者のこころのケアや震災の記憶と教訓を風化させないようにすることで防災・減災施策を推進し安心な街づくりなどを宣言しています。

閖上もかさ上げ工事が終わり、復興集合住宅も完成、元の住民が閖上の地で生活を再スタートした人も多くいます。だが、私が地元として生まれ育った閖上とは全く違う、実家の前を通っていたバス通りは、道の再編でなくなりました。当然ですが、すべての街並みが戻ったのではなく、新しく変わった閖上ができました。1級河川名取川の堤防用地と津波伝承館の駐車場に変貌《へんぼう》していました。

私は、実家を守りたいという両親の想いを何とか形として残したいと考え、国土交通省と長年の話し合いの結果、「両親感謝の碑」を建立し、国に寄贈しました。

前例主義の国側とは、意見の隔たりが大きく両親感謝の碑を建立する話し合いは難航しました。しかし、現在実家跡地には、国に寄贈した石碑が、国碑の形で、亡き両親や東日本大震災で亡くなられた方々と新しい閖上の復興を見ていただいています。

本当の復興は、人それぞれです。時々「まだなの」と言われることがあります。きっと東日本大震災を経験された方々には、太平洋戦争や原爆などの体験者と同様に体験者が一人でも生きている間は、その方々から忘れられることはないと思います。私だけかもしれませんが、本当の意味での復興なんて、あり得ないと何となく考えるときがあります。本当の復興とは何でしょうか。生活再建ができれば、インフラ整備ができれば、人が移住し増えれば復興なのでしょうか。私にはわからないのです。ただ時々両親の言葉や両親との思い出が繰り返し、繰り返し思い出されるのです。両親感謝の碑を建立し、多くの方々から「親孝行をしましたね」とお話しを伺うことがあります。本当に感謝でいっぱいになります。でも両親の想いは、本当にこれだけで良かったのか、何か他に方法はなかったのだろうかと今でも考えてしまいます。

1級河川の堤防用地に個人の石碑が建立されたのは、日本でここだけです。また両親に特化する石碑としても日本ここだけではないでしょうか。両親に感謝する気持ちは、私に限らず多くの方にあることと思います。その方々が、閖上で偶然、「両親感謝の碑」をご覧になり、自分のご両親に想いを巡らせてはいかがでしょうか。亡くなられた方も存命である方でもよいのです。自分の両親は、この世に2人だけなんです。また両親の両親も存在し、10代さかのぼれば1024名になります。その一人がかけても今の自分はいないのだから。

話は変わりますが、最近多くの福島原発処理水を海洋放出する報道がされて、実際に海洋放出が始まりました。報道によれば、処理水を全部処理できるまで30年の期間が必要とされているそうです。その長い期間、福島県だけではなく、日本全国の漁業者の方々の気持ちは、風評被害も含め毎日が不安の連続のことでしょう。

私たちは、福島原発の廃炉も含め、これからも現実と付き合わなければなりません。政府も東京電力も国民すべても知恵を出し合い、誠実な話し合いを重ねながら復興の道を進むべきでしょう。日本だけでなく、世界中に日本の現状や復興状況も正確にお知らせできると良いと思います。

最後に、あなたにとっての本当の復興とは何でしょうか。一人一人の復興は違います。だから時々でかまいませんので、心の片隅にあるあなたの世界を思い出して見ませんか。（仙台市宮城野区蒲生・小野晋・2021年記念誌より）

■コロナ禍での傾聴

◎「こんにちは。仙台傾聴の会の〇〇です」

傾聴―漢字で書くと固いイメージですが、平仮名で表せば、「あなたのこころに寄りそう」、何て素敵な言葉でしょう、何て心地良い言葉でしょうか。今から数年前、この言葉の魅力のとりこになってボランティアを始めたのが単純なきっかけでした。当初は緊張の中にも人生の大先輩のお話の中から学ぶことが多く心弾ませ楽しく活動していました。耳を傾け、笑顔でつながり、心でつながることの喜びを肌で感じ取ることができました。

2020年コロナ発生、どこでどう発生したのかも定かではなく、伝染力が強く得体が知れず恐怖そのものでした。まさに世界的脅威、出口の見えない生活が始まったのです。喋るな・歌うな・出歩くな、高齢者にとってのこの3拍子は、両手・両足をもぎ取られたも同然の仕打ちでした。どこに行くにも除菌、マスクの手放せない日々が続いたのです（誰もが3年以上も続くとは予想だにしていませんでした）。

北支部は、復興住宅もなく高齢者施設訪問等が主な活動でした。その施設活動という「みんなが一つの目標に向かっていたもの」が、コロナ禍で失われ迷子になってしまったのです。それに代わるものは何だろう？　一人一人が期待を持ってやれることは何だろう？　みんなで探し求めていく毎月でした。再開のめども立たず長い時間が続くうちに、私は活動への気持ちが消沈していきました。会員が一人減り、二人減り、現在は実働者が15人未満までに減ったのです。この危機をどう脱していけばよいのやら迷われた方もいたに違いありません。現状を素直に受け止め、これらの疑問に答えを出さなければなりません。今後の北支部をどうしたいのか、本当にやりたいことは何だろう？　まさに岐路に立っているのではないでしょうか。いずれ差し迫ってくるボランティア者の高齢化に伴い、若手後進の育成を。一人一人が真面目に向き合って考えていく時期が今来ているのだと思います。一方的に私の思いを投げかけました。一緒に考えてみませんか。（仙台北支部・岩井いく子）

◎数行の行間から感じること

仙台傾聴の会に入会してから、おおよそ10年が経ちます。私が入会したころは、被災された方の傾聴カフェは仮設住宅の集会所で行われていました。復興住宅に入居が決まった方もいらっしゃれば、まだ決まらず、何となく羨望《せんぼう》と不安な気持ちになっている方々が見うけられました。被災されたお話をされるというよりは日々の生活のこと、病気をされて大変な思いをしたこと、通院に時間を費やしていることなどを話される方が多かったように思います。

私は、この10年間で施設訪問や個人宅訪問、傾聴茶話会、電話相談、サロンでの活動を経験してきましたが、3年前のコロナ禍においては、施設活動などは、全くできない状況に追い込まれました。これまでの日常が様変わりし、人と人とのかかわりが制限され、孤独、孤立に追い込まれメンタル不調に陥っていく、そういう方々を一人でも多く救うことはできないかという思いから、2020年4月に電話相談の回線と開催曜日を増やしました。そしてメール相談は、2021年に始まりました。

メール相談は、数行の行間から聞こえてくるつらい思いや苦しい思いを感じ、一字一句を読み取り確認しながら返信文を考えていきます。とても責任が重いと感じました。メールの相手は顔も見えない、声も聞こえない、どんな思いで書かれたのだろう。メールを送ってくれたその方に思いを寄せながら、迷いもあっただろう、戸惑いもあっただろう。頑張ってメールを送ってくれたその行動は、とても勇気のあることであり、何とかしたい、変わりたいという思いの一歩であるのではと思う。それを考えると私はさらなる重責を感じました。

私は、今年3月、おおよそ15年間生活してきた愛犬を亡くしました。それまでは、愛犬と共に散歩しながら返信文を考えていました。散歩しながら自分の内省に入り、集中することができるのです。そして、もしかしてこんな気持ちになっているのではと思ったり、こんなふうにも考えられると思ったり、相手をおもんぱかり、思いやることができるのです。何も語らない愛犬がそばにいてくれるだけで私の気持ちはカタルシス効果になるのです。

◎聴き手も少しずつ自分を修正

私がこの10年間傾聴活動に携り感じていることは、自分自身が日々成長していることです。いろんな方のお話を伺い、いろんな方の人生に触れ、自分を振り返り、自分を見つめ、自分の心の状態に気付き、少しずつ自分を修正して行くことができるのです。心の中にとげのようなものが刺さり生きづらさ感じていたのが、一個ずつ取れていく感覚になり、心の状態に変化が生じ、自己受容ができるようになるのです。

これこそが、話す人にも聴く人にも効果となる「傾聴の力」ではないかと思います。人と人との触れ合いは、存在認知であり、存在認知とは、他者の存在を認めるための働きかけや行為のことをいいます。それは生きていくうえで、食事を摂るのと同じように誰にでも必要とされ、心の栄養素と言われています。アメリカの精神科医エリック・バーンは、「傾聴は最大のストローク（存在認知）」と言っています。

度重なる災害、先行きが見えない不透明なこの社会の中で、心のケアを必要としている人は大勢いらっしゃると思います。そういう方々に、この「傾聴」がタンポポの綿毛のように風に吹かれて、各地域に根を張り、いつでも、どこでも、話を聴いてくれる人、寄りそってくれる人がそばにいるような、人と人がより添い、互いに思いやりのある温かい社会になるよう、微力ながらその一助になればと思います。（副代表理事　加藤慶子）

■訪問事業〜施設の皆さんへ

コロナ禍で訪問できない高齢者施設などへは「寄せ書き」「手紙」を贈りました。1日でも早いコロナの収束を願って。

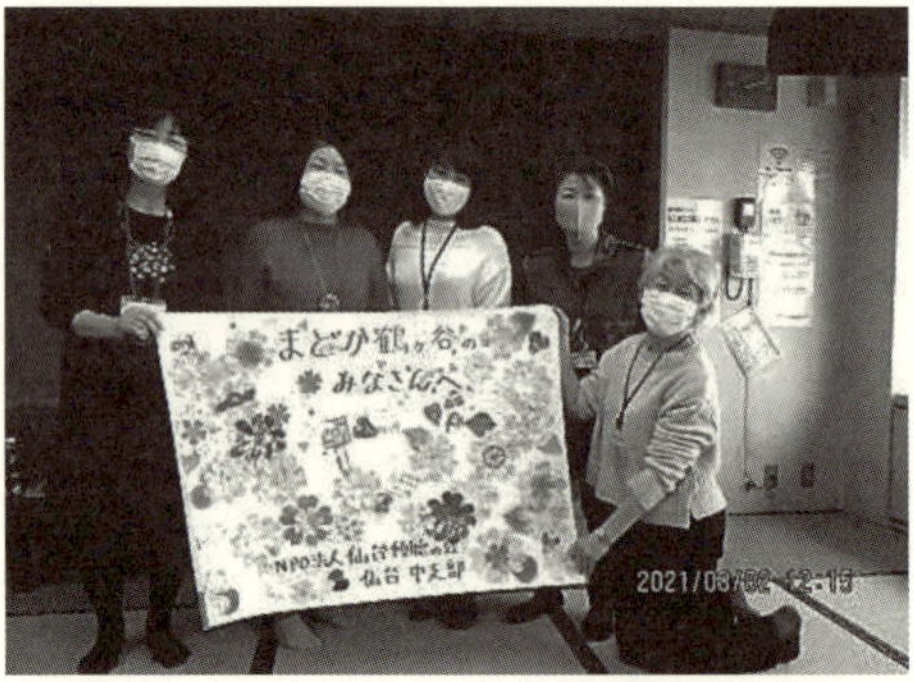

まどか鶴ケ谷の皆さん（上）とバイタルケアの皆さん（下）

■傾聴の会、こんな参加の形もあり

２０２１年、「傾聴ボランティア養成講座」を受講し、入会しました。定年退職後に福祉関係の仕事をしたいと思い２０１８年から東北福祉大学の通信教育部で学んでいました。福祉の仕事を行う上で傾聴の力は重要と考え、傾聴の会に興味を抱きました。しかし、当時はコロナ感染が拡大してきていた時期でした。所属した北支部は、高齢者施設での傾聴が多かったのですが、施設へ入ることは叶わず定例会に参加するのみが傾聴の会とかかわりでした。仕事も現役でしたから平日の活動に参加は困難でした。

２０２１年の冬、北支部長より「パソコンを使うことはできる？　訪問がかなわない施設に、Ａ４判の年賀状を作って届けたいんだけど、作れない？」と相談されました。どんな形であれ、ボランティアとして活動に協力できることはうれしいと思い、喜んで作成させていただきました。評判は上々でした。これがきっかけとなり、事務局で行っている会場予約等の作業を依頼され引き受けることになりました。一部のサロン会場、茶話会の会場、北支部、中支部の毎月の定例会場、理事会、支部長会の会場、入門講座や養成講座の会場、電話相談の会場、これらの会場予約を、インターネットを通じて行ないます。また、サロン等の活動を新聞社などに掲載依頼も行います。平日夜間や休日の空き時間を使ってできる作業です。

実際の傾聴活動ではないけれど、会員のみなさんの活動を裏方で支える重要な仕事と思っています。私のようにまだ現役で働いている方は、傾聴ボランティアに興味があっても平日の活動は無理ということで諦めてしまっている方もいらっしゃるのでないでしょうか。養成講座を受講した時に想像していたボランティア活動とは違う形の活動の仕方にはなりましたが、私は会の皆さんの傾聴活動の役に立つことができ、間接的ではありますが、傾聴を必要としている方々へのボランティア活動に関わることができることに喜びを感じています。

傾聴の会の活動は、実際の傾聴以外の活動もたくさんあります。自分のできる範囲で活動に参加し、自分の環境が整ったら実際の傾聴活動にも参加してみることも可能です。自分がどんな参加の仕方ができるか、先輩や事務局の方に相談してみると自分が想像していなかった活動の方法が見つかるかもしれません。お仕事をされている方もぜひ入会いただき、一緒に活動を盛り上げていきましょう。（仙台北支部・黒島武志）

四．傾聴を体験しての感想と課題

■傾聴によって得られた謙虚さ

第1部の原稿で、仕事の面において自分を助けてくれていると述べたが、これは自分の変化点に伴って、痛切に感じていることである。今年6月で60歳となり、定年を迎えた。再雇用となり同じ職場での勤務継続となったが、ここに息子と年齢的に近い31歳の若手がチームに加わった。一緒に仕事をすることになった。何となく受け入れ難い違和感を覚える。昔の私に似ているのだ。頭脳の面では上を行っているのは間違いない。私に似ているせいか、言動が腹立たしいことがしばしばある。このようなことは定年を迎えた者にはよくある話とは思っていたが、いざ自分の立場になると複雑である。最悪なのが先に定年となった人や間もなく定年を迎えようとしている人たちと、「最近の若い者は…」と会話しているのである。マズイのである、大人が取る行動ではないのである。私が20～30代の時、見ていた60歳は本当に大人だったはずである。

ここは、頭にきていることは表に出さず、まず彼の話を聴いてみようと考えた。まず聴いてみよう。

私の横に座ってもらい、どうしたいのか、どう考えているのか聴かせて欲しいと率直に伝えた。彼からハッとしたような雰囲気も出たが、いろいろと話しをしてくれ、また自分も真剣に聴いてみた。

結果として、考えていたこと、やりたいことは基本的には同じものであった。言葉遣いや言い回しが違うのだ。

そこには、以前感じていたような腹立たしさは一切なく、それどころか、私が謙虚になれたことへの気持ち良さみたいなものを感じていた。大人の行動を取り、余裕を持った対応ができた心地良さというのか。

この年齢になり恥ずかしいのだが、気付くことができて良かったと感じている。この流れから考えたのは、社会に出て、私の上司になった方たちのことだ。どれだけ心労をかけたことかと。

彼から「幸生さんが、このチームに居てくれて良かった」と言われた。歯が浮きそうだったが、お世辞でもうれしいと思えた。彼の前職場での仕事ぶりなどは、こちらが聞かなくても自然と耳に入ってくる。個性のせいか、彼の話をしっかりと聴こうとした人は多くはなかったはずである。これは、傾聴活動の経験を実践した初めてのケースだった。相手の話をしっかりと聴き、相手の視点で考えてみる。まさしく共感である。そこに勝ち負けはなく、結果としてお互いに良い方向にも行く。年齢も、性別も関係はない。傾聴が自分を成長させてくれたと実感できた瞬間であった。

他にもある。ミーティングの場でも、まず、相手の意見、考えを聴く。否定せず、まず受け入れる。その上で自分の意見を伝える。謙虚になることにより全体の流れが良くなり、とにかく自分が楽になれる。

電話相談での経験も、私生活や仕事においても役に立っている。電話での会話は、受話器をとるタイミングから傾聴モードになっているような気がする。

前記の出来事は、今思うと偶然ではなく、必然的なことなのだと考えている。社会福祉協議会の職員の方との縁で、仙台傾聴の会の活動に取り組んでいる。あの時、この職員の方が実践していた傾聴活動を、現在、自分が行なっているのである。人との縁で、人とつながる傾聴活動、大事にしていきたいと考えている。

しばらく忘れていたことがある。2020年4月、父が亡くなった。その前年の6カ月間の平日、毎朝父に電話連絡をした。職場の駐車場に着くころ、父がちょうど朝食が終わる時間帯であった。

これは自分の意志ではなく、妻から勧められたことだった。言われて行うことは気持ちが入らないせいか、電話連絡といっても一方的なもので、時間的には1分以内のことも少なくなかった。このような状況から会話のレベルではなく、父からは「生存確認だな」と言われていた。そのようなやり取りでも、妻に毎日報告した。

連絡を1ヵ月、2ヵ月と回数を重ねていくと、携帯電話でのやり取りでも、父の息使いや声のトーンなどでその日の体調の変化に気が付くようになっていた。しかしそこまでで、それ以上はなかった。

現在、電話相談の活動を行っているが、あの時、もっと話を聴いてあげていたら良かったと今になって後悔している。数分でも聴いてあげていたら。これは、電話相談を行っていなかったら気が付かなかったかもしれない。

後悔して終わりではない。今、電話相談の先にはつながっている方たちがいる。その方たちは、それぞれ事情は違うのだが、なかなか上手くいかない自分の人生を必死に生きている。そして、みんなつながりを求めている。

人との縁で、人とつながる、仙台傾聴の会の活動をこれからも、大切に、丁寧に取り組んでいこうと思う。（仙台中支部・佐藤幸生）

■コミュニケーションの大切さを再認識

私が仙台傾聴の会に入会させていただいたのは、令和元年7月、震災から9年目の年でした。震災の体験を忘れないようにさまざまな取り組みが行われていた時期です。その頃、傾聴カフェやデイサービスに来てくださる被災者の方々は、まだそれぞれの体験の主役でした。新人の私は慣れないながらもとにかくお話をお聞きしてはうなずき、共感して差し上げたいと必死だった気がします。

それから間もなく入れ替わるように今度はコロナ禍が始まりみんなで集うことを止めさせられ、それにもまして死の恐怖を身近に感じる日々がやって来ました。このように今まで体験したことのない災難に次々に見舞われて、生きるモチベーションは下がる一方でした。それでも途中で休みながら傾聴カフェは続けられて、震災から10年が過ぎた頃からは参加者の皆さんに笑顔が多く見られるようになりました。友人とのコミュニケーションの大切さを図らずもコロナ禍によって再認識させられたように思います。

この原稿を依頼されたのをきっかけに一人の被災者の方に震災からの13年間についてどう思われますかとお聴きしたところ、もう思い出したくない事が多いのでそういう質問はして欲しくないときっぱり言われました。私はその言葉に大変申し訳なく思いました。被災者の皆さんは、今は震災体験の主役から降りて人生の体験の一つとして震災を客観視する心の余裕が生まれたのだと思いました。

震災で地域のコミュニティーが寸断され生活の基盤を奪われた上に、コロナによって再びコミュニケーションができづらくされるなど苦しい体験が続いていますが、その度に人間にとって最も大切なものは何であるかをみんなが考え直したように思います。今年は猛暑が続き外出することさえ困難ですが、これからもみんなで集いながら絆を深めることで、ポジティブにどんな災難も乗り越えて行けたらと思います。（岩沼支部・古舘多美枝）

■「一人じゃない」を実感

誰でも、悩んでつらいなぁって思うことがあるのでしょうか？　いつも自分だけがつらいなぁ、苦しいなぁって思っているような気がしています。つらい時、苦しい時は、なぜかいつも孤独です。そばに見守ってくれている人がいても孤独になります。「助けて！　誰か私の話を聴いて！」そう叫びたくなるときがあります。「話を聴いてもらうだけでいいの」と思ってみたり、「聴いてもらったからって何も変わらない」そう思ったり、やっぱり孤独です。

そんな時、傾聴ボランティアさんと知り会いました。初めて会った知らない人に心の奥のことなんか話せない。当たり障りのない話をしよう。そう思って世間話をしました。楽しく、笑顔で。でも作り笑顔です。笑っても楽しくない自分がいました。いろんな話をしているうちに、心のドアを「トントン」ノックされた気がしました。いつの間にか、思ってもみなかったことを話していました。涙が溢れて止まらない、こんなはずじゃなかったと思いつつ、もう涙が止まらない。傾聴ボランティアさんが、背中をポンポンとたたいて「つらかったわね。でも、もう大丈夫。泣きたい時は泣いていいのよ」と優しくささやいてくれました。

涙を流すことって大事だな、そう感じました。一人で泣いたらつらい涙だけど、傾聴ボランティアさんに聴いてもらったら、ホッとした涙になりました。聴いてもらったら、楽になりました。

つらいことは、自分で解決していかなきゃいけない、聴いてもらったからって苦しみがなくなるわけじゃない。でも、一人じゃない、私のつらさをわかってくれる人がいました。

「明日から、頑張ってみよう！ 乗り越えてみよう！」そう思いました。傾聴ボランティアさんに感謝しています。ありがとうございました。（岩沼市在住・匿名希望）

■「はき出したい思い」の受け皿

震災の後1ヵ月以上経った春の日差しのまぶしい日、借りていた畑の様子を見に出かけました。いつもならもう田んぼに水が張ってあって、ちらほら人影が見える頃です。

でも田んぼは冬のままです。どうしたのだろうと思いながら歩いていたら、後ろから杖をついたおじいさんに「ここまで水が来たんだいが」と声をかけられました。「さぁ、どうなんでしょうね」というと、「今年は、田んぼは作られねんだべか」といいながら、「俺も津波で家流されで、そこの息子の家さ世話になっているんだ」と話し始めました。

地震の時、田んぼにいて揺れが収まった頃、田んぼから水が湧いてきたこと、お寺の墓石がゴロゴロ倒れていたこと、急いで家に帰り、様子を見ようと海に向かっていたら、車に乗った人に止められ、そのまま乗せてもらって避難所の小学校に着いた途端に水が来たこと。津波で妹が行方不明なことを話しました。そして自分が住んでいた地域でずっと農業をして暮らしてきたこと、女姉妹が続いた後に、自分は二男として生まれたこと、中学を卒業したら、姉たちの後を追って満州に行こうと思っていたこと、長兄はすでに結婚して、戦争に行っていたので、この長兄に何かあったらこの家はどうなると言って、父親に反対され思いとどまったこと。父親の心配通り、長兄が戦死し、母親代わりにもなってくれていた義姉と次縁になったこと。長男が生まれた時、父親がとても喜んでくれたこと。妻は10年くらい前に亡くなってしまったが嫁は自分を大切にしてくれている、息子がもう農業はしないと言えばそうしてもよいと思っているなど など。

ゆっくり歩きながら、見ず知らずの私にたくさんのことを話してくれました。きっと普段はあまりおしゃべりな方ではないと思われましたが、話さずにはいられなかったものがあったのでしょう。

通常なら6月に開催されるはずの傾聴ボランティア養成講座も、いつ開かれるかわからないし、受講すると決めてからも、家族の話も聞けない私が果たしてそんなことができるだろうかと思い始めていた時でした。でもこの時たまたま出会ったこの方のように、何かに突き動かされるように思いをはき出したい時の受け皿になるのが傾聴の仕事なのではないかと気が付きました。

年を取った人はちょっと苦手だったのですが、この方のように、自分とは違った世代を通ってきた人から話を聴かせてもらえる出会いが、もっとあるかもしれないと考え直しました。そして10月の養成講座を受けて活動を始めました。

私が震災の後、先のことが考えられなくて無気力になりつつあった時に支えてくれた大切な出会いでした。（岩沼支部・星代志枝　2013年記念誌）

五．傾聴を依頼するには（連絡方法など）

■傾聴サロン

じっくり話をしたい、悩みを聞いて欲しい方等へ、専門的資格所有の会員が個別に対応させていただきます。仙台市、名取市、岩沼市、塩竈市、気仙沼市で毎月1回、定期的に開催しています。

予約制の個別対面相談で各場所共に10時～15時まで、時間の予約を頂きます。仙台市第1土曜日、名取市第3日曜日、岩沼市第3水曜日、塩釜市第4日曜日、気仙沼市第4土曜日。

【予約電話】０９０（６２５３）５６４０

■傾聴電話相談　【月～土】10時～17時

【月・水・金曜日】０７０（２０２５）８９４７
【火・木・土曜日】０８０（３１９９）４４８１

■メール相談

ホームページから24時間受付。URL及びQRコードは次の通り。

https://sendai-keicho.sakura.ne.jp/wp/

■個人宅訪問

地域包括支援センター等からの依頼で、独居の方や虚弱等の方のお宅を定期的に訪問しています。会員が2人1組となり1時間程度ご訪問、傾聴させて頂きます。

【連絡電話】０９０（６２５３）５６４０

■傾聴茶話会（予約不要）

直接会場にお越しください。

■傾聴カフェ（予約不要）

仙台市、名取市、岩沼市、亘理町、毎月開催。七ヶ浜町、福島県南相馬市不定期開催。

■街中カフェ、男性カフェ

仙台市で不定期開催。

六．傾聴の会の活動に参加するには

入会は、どなたでもできます。活動に参加する方は、まず、当会主催の「傾聴ボランティア養成講座」を受講して頂きます。正会員会費は、年間３０００円です。

賛助会員は、活動への参加はできませんが、資金面での会員として登録します。年間３０００円からのご寄付は、当会が認定ＮＰＯ法人なので、税金の控除が適用になります。皆様の温かいお志をお待ちしております。

あとがき

東日本大震災から13年経過し、千年に一度と言われた震災を体験して、私たちは、何を学び、何を後世に伝えることができるのか、この『あなたの心に寄りそう傾聴の力』から感じ取ることが出来れば幸いに思います。

「人間関係の基本」と言われる「傾聴」の力を知っていただくことで、あなた自身にとって何かが変わる、きっかけになることを願っています。

発行にあたり、本の森様に大変ご尽力いただきまして、深く感謝申し上げます。

認定NPO法人 仙台傾聴の会

オリーブの花言葉は「平和」「安らぎ」

■協力
◎宮城県共同募金会　みやぎチャレンジプロジェクト
https://akaihane-miyagi.or.jp/challenge
◎株式会社 funaku
https://www.funaku.co.jp/
◎復興庁心の復興事業

あなたの心に寄りそう 傾聴の力　～東日本大震災から 13 年～

2024 年（令和 6）12 月 11 日　初版発行

発行者　認定 NPO 法人 仙台傾聴の会
発行所　認定 NPO 法人 仙台傾聴の会
代表理事　森山 英子
名取市大手町五丁目 6-1　名取市市民活動支援センター内（〒981-1232）
電話 090（6253）5640　Fax 022（343）9705
Email moriyama-e@r.tulip.sannet.ne.jp
URL　https//sendai-keicho.sakura.ne.jp
発売所　本の森
仙台市若林区新寺一丁目 5 - 26 - 305（〒984-0051）
電話 022（293）1303
Email　forest1526@nifty.com
URL　http://honnomori-sendai.cool.coocan.jp

装　丁　羽倉 久美子
挿　画　シナママ

印　刷　萩の郷　福祉工場

ISBN978-4-910399-11-9